KB193541

인문학 독자를 위한 **육조단경**

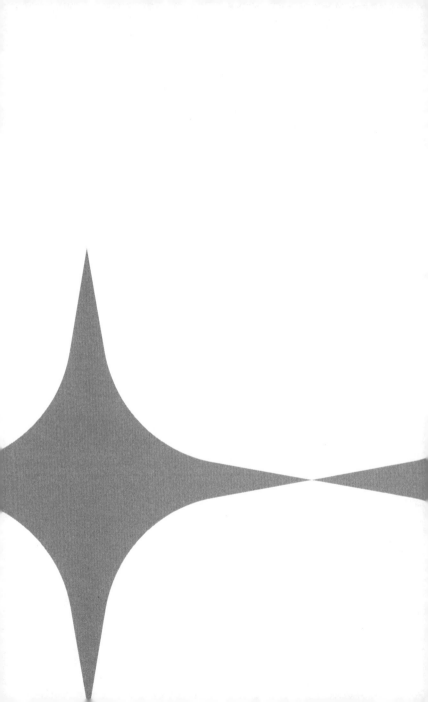

인문학 독자를 위한 **육조단경**

김호귀 지음

불광출판사

들어가며

『육조단경』의 맨 첫머리에서 혜능은 다음과 같이 말합니다.

> "깨달음의 자성은 본래부터 누구에게나 청정하게 완성되어 있다. 그러므로 무릇 그 청정한 마음을 솔직하게 그대로 활용하면 곧바로 성불한다."

이 대목은 혜능의 사상과 『단경』의 성격을 단적으로 보여주고, 인간의 주체적인 본래면목을 선언합니다. 부처님이 태어나서 바로 말했다는 '천상천하유아독존'을 연상시키는 이 구절은 『육조단경』의 성격이 본래성불(本來成佛) 사상에 바탕한 조사선(祖師禪)임을 잘 보여줍니다. 조사선이란 중국 선종의 초조인 보리달마로부터 연원하는 선풍으로, 여기서 조사는 곧 달마 조사를 가리킵니다. 조사선은 부처와 중생을 가리지 않고 인간의 본성이 애초부터 부처와 다름이 없이 완전무결하게 성취되어 있다는 본래성불 사상을 기반으로 형성된 선풍을 말합니다.

　　본래성불 사상은 중국 선종의 초조로 간주되고 있는 보리달마로부터 제6대 조사인 조계 혜능을 거쳐 오늘날에 이르기까지 선종사에서 면면한 흐름을 형성하고 있습니다. 중국 선종의 초조 보리달마가 제시한 심신(深信), 이조 혜가가 제시한 선심(禪心), 삼조 승찬이 제시한 신심(信心), 사조 도신이 제시한 본래의 일심을 굳게 고수하여 상실하지 말라[守一不移]는 가르침, 오조 홍인이 제시한 인간 본래의 진실한 마음을 유지하라[守本眞心]는 가르침, 육조 혜능이 제시한 본래의 마음을 그대로 활용하라[但用此心]는 가르침, 남악 회양이 제시한 본래청정한 마음을 오염시키지 말라[但莫染汚]는 가르침, 마조 도일이 제시한 깨달음은 조작적이고 의도적인 수행을 필요로 하지 않는다[道不用修]는 가르침 등은 모두 인간은 본래청정한 마음을 타고났기 때문에 범부중생이 점차 변하여 부처가 되는 것이 아니라 애당초부터 부처였던 중생이 그대로 부처임을 자각하는 도리를 설파한 것입니다.

　　한국인이라면 학교 교육을 통하여 한국 역사를 공부하게 됩니다. 그리고 그 과정에서 자연스럽게 불교를 만나게 됩니다. 불교는 고구려와 백제에서는 4세기에, 신라에서는 6세기에 공인되었습니다. 그 후로 천육백여 년이 지나도록 불교는 한국의 역사에서 사람, 지역, 문화, 사상, 제도 등 모든 방면에 걸쳐서 항상 함께해 왔습니다.

그런데 불교에 대한 관심을 지니고 있는 사람의 경우에도 한국불교의 역사에 대한 전반적인 이해를 갖추는 것은 쉽지 않습니다. 나아가서 불교 가운데서도 특수한 분야에 속하는 선종에 대한 이해는 더욱 제한적인 여건으로 인하여 접근하기 어려운 측면이 있습니다. 한국불교의 역사는 다양한 종파와 사상과 문화 속에서 전개되어 왔지만, 그 가운데 선종(禪宗)은 신라 말기에 수입된 이래로 고려와 조선, 그리고 오늘날에도 한국불교에서 중요한 축을 형성하고 있습니다.

'선종(禪宗)'이란 좌선종(坐禪宗)의 줄임말로, 좌선을 중심으로 형성되고 전개되며 전승되는 종파입니다. 좌선은 부처님이 깨달음을 성취하는 방식으로 채택했던 특수한 수행법으로, 불교 전반에 걸쳐 존속해왔습니다. 특히 좌선수행을 중심으로 한 종파로서의 선종은 중국에서 6세기 초에 활동한 보리달마(菩提達磨, 5~6세기)를 연원으로 합니다. 달마로부터 이백여 년에 이르는 시기는 선종이 중국에서 토착화된 시대인데, 초기 선종으로 평가되는 그 시기에는 조계 혜능(曹溪慧能, 638~713)의 역할이 지대했습니다.

혜능은 중국의 본토인으로서 조계산 보림사에서 37년에 걸쳐 설법했습니다. 『육조단경(六祖壇經)』은 그 설법 내용을 기록한 책입니다. 『육조단경』은 혜능이 입적한 이후에 제자들에 의하여 편찬되고 전승되어 오면서 중국을 비롯하여 한국과 일본에서도 끊임없이 개판되어 많은 종류의 판본을 출현시켰습니다.

부처님의 직접적인 말씀을 기록한 경전 이외에 불자들에게 가장 사랑받는 불교 문헌 가운데 하나가 『육조단경』이 아닐까 생각합니다. 『육조단경』은 동아시아 한자 문화권에서 발생하고 전개되며 전승되었지만 널리 그 보편성을 확보하고 있습니다. 오늘날에는 한자 문화권을 넘어 다른 문화권에까지 소개되어 읽혀지고 있습니다.

『육조단경』은 조사의 어록이면서도 특이하게 '경(經)'이라는 명칭이 붙어 있습니다. 그것은 『육조단경』이 경전에 버금가는 가치를 지닌 문헌으로 존중되었고, 경전과 다름없이 불자들에게 수지독송(受持讀誦)되었기 때문입니다.『육조단경』의 이러한 위상은 한자 문화권 국가에서 선종의 위상이 강화됨에 따라 더욱 확고해졌습니다.

그런데『육조단경』은 선종의 어록인 까닭에 보편적인 부처님의 말씀을 기록한 경전과 비교하면 그 용어를 비롯하여 글의 성격과 사상에 이르기까지 일반인에게 생경한 부분이 많습니다. 그럼에도 불구하고『육조단경』이 고려시대에 한반도에 처음 전래된 이후로 조선시대를 거쳐 오늘날에까지 널리 독송되고 있는 것은 무슨 까닭일까요? 그것은『육조단경』이 그 어떤 매력을 지니고 있기 때문입니다.

이제 본서에서는『육조단경』의 형성과 구성, 그리고 선종의 역사에서『육조단경』이 보여주고 있는 여러 가지 특수한 면모에 대하여 이야기해볼까 합니다. 일반 독자들과 불자들을 위해『육조단경』의 내용을 몇 가지 주제로 풀어보고, 선종의 몇몇 특징들도 이야기해보고자 합니다. 이 책이 선종, 나아가 불교에 대한 안목을 키우는 기회가 되었으면 합니다.

김호귀

차 례

1

『육조단경』을
우리는
왜 알아야 할까

『육조단경』이란 어떤 책인가

책을 고를 때 우리는 보통 제목을 먼저 봅니다. 그리고는 목차를 살펴보며 어떤 내용으로 되어 있는지를 가늠해 봅니다. 우리가 책을 고를 때 중요하게 보는 또 다른 요소는 저자가 누구냐 하는 것입니다. 세상에 널리 알려진 사람이 쓴 책이라면 아무래도 그 책에 눈길과 손길이 가기 마련입니다. 『육조단경』 역시 이러한 이유로 더욱 주목받은 책이라고 할 수 있습니다. 『육조단경』의 주인공인 조계 혜능은 옛 선사들 가운데 달마 대사와 함께 가장 널리 알려진 인물이기 때문입니다.

일반적으로 『단경』이라고 불리는 『육조단경』은 이것 외에도 여러 제목을 갖고 있습니다. 『법보단경(法寶壇經)』, 『육조법보단경(六祖法寶壇經)』, 『육조대사법보단경(六祖大師法寶壇經)』, 『남종돈교최상대승마하반야바라밀경육조혜능대사어소주대범사시법단경(南宗頓敎最上大乘摩訶般若波羅蜜經六祖惠能大師於韶州大梵寺施法壇經)』, 『남종돈교최

상대승단경법(南宗頓教最上大乘壇經法)』,『남종돈교최상대
승마하반야바라밀경(南宗頓教最上大乘摩訶般若波羅蜜經)』
등이 그러한 것들입니다.

우선『육조단경』이라는 제목에 대해서 살펴보겠습
니다.

『육조단경』에서 '육조'는 중국 선종의 역사에서 달
마로부터 여섯 번째에 해당하는 제6대 조사라는 뜻입니
다. 중국 선종은 6세기 초에 중국에 도래한 보리달마로부
터 시작하여 이후 이조 혜가 – 삼조 승찬 – 사조 도신 – 오
조 홍인 – 육조 혜능으로 그 법맥이 계승되었습니다. 법맥
은 부처님으로부터 전승된 붓다의 깨달음인 정법안장(正
法眼藏)을 계승한 불법의 계보를 가리킵니다. 달리 혈맥(血
脈)이라고도 합니다. 선종은 인도에서 발생한 선을 근거
로 하지만 실질적으로는 중국에서 형성된 불교 종파입니
다. 그럼에도 불구하고 중국 선종은 부처님의 제자인 마
하가섭(摩訶迦葉)을 선종의 초조로 비정하고, 인도에서 온
보리달마를 중국 선종의 초조로 내세웠습니다. 이것은 중
국 선종의 선이 궁극적으로는 부처님에게서 비롯된 것임
을 강조하기 위한 것이었습니다. 이하에서는『육조단경』

을 줄여서 『단경』이라고 부르면서 이야기해보기로 하겠습니다.

『단경』에서 '단(壇)'은 제단(祭壇)이나 연단(演壇)과 같이 어떤 행위를 펼치기 위하여 마련한 일종의 무대를 말합니다. 여기서는 법회를 설행하기 위해 마련된 단석(壇席), 더욱 구체적으로는 혜능이 수계법회를 했던 계단(戒壇)을 말합니다.

계단의 '계(戒)'는 개인이 지켜야 할 규범을 의미합니다. 단체 생활에서 지켜야 할 규범인 율(律)과 함께 묶여서 흔히 '계율'이라고 불리는 것이지요. 불교의 신행 체계는 부처님이 제정한 계를 지키고 실천하는 계학(戒學), 좌선을 통하여 선정을 실천하는 정학(定學), 경전을 공부하여 지혜를 얻는 혜학(慧學)의 삼학(三學)으로 구성되어 있습니다. 이 가운데 계학은 불제자가 여법하게 불법을 영위할 수 있도록 부처님이 제시한 규범을 몸과 입과 마음으로 올바르게 실천하는 것을 말합니다.

불자가 되기 위해서는 반드시 계를 받아야 합니다. 계를 받는 것을 수계(受戒)라고 하는데, 이 수계를 함으로써 공식적인 불자가 됩니다. 계 가운데 모든 불자의 기본인 삼귀의계(三歸依戒)는 삼보(三寶), 즉 부처님과 부처님의 가르침과 부처님의 가르침을 지키고 전승하는 승가에 귀의하는 것입니다. 출가자는 삼귀의계 외에 사미계(沙彌戒)를 받고, 나아가서 구족계(具足戒)도 받는다는 점에서 재가 불자와 구별됩니다.

하지만 혜능이 계를 받는 과정은 순탄하지 않았습니다. 혜능은 24세 때 홀어머니를 집에 남겨두고 오조 홍인(五祖弘忍, 601~674)에게 출가하여 깨달음을 얻고 부처님의 깨달음인 정법안장(正法眼藏)을 계승했습니다. 그러나 그때까지도 혜능은 정식으로 계를 받지 않은 재가인 신분이었습니다. 혜능이 비로소 계를 받게 된 것은 그로부터 15년 뒤인 39세 때였습니다. 이때가 되어서야 혜능은 광주의 법성사(法性寺)에서 홍인의 제자였던 인종 법사를 만나 정식으로 계를 받고 여법하게 스님이 되었습니다. 이로써 혜능은 제6대 조사로 등극했고, 육조 대사로 불리게 되었습니다. 혜능이 자신의 수계법회 당시에 했던 수락설법의 내용은 『단경』의 제6「참회품」에 수록되어 있습니다.

마지막으로 『단경』에서 '경(經)'은 부처님의 말씀으로 이루어진 경장(經藏)이라는 뜻입니다. 불자들은 'ㅇㅇ

경'이라는 제목이 붙은 문헌이라면 그것이 부처님의 말씀이라고 믿고 그 내용을 받들어 실천하기 위해 노력합니다. 하지만 중국과 한국 내지 일본에서는 실제로는 부처님의 말씀을 담고 있지 않지만 마치 그런 것처럼 가장하기 위해 'ㅇㅇ경'이라는 제목이 붙여진 위작경전(僞作經典)이 만들어지기도 했습니다.

이렇게 본다면 『단경』 역시 '경(經)'이니 부처님의 말씀을 담은 문헌일 것 같습니다. 하지만 그렇지 않습니다. 『단경』은 부처님의 말씀을 담은 것이 아니라 육조 대사의 어록입니다. 어록이란 평소에 제자 등 다른 사람과 주고받은 문답을 비롯하여, 개인 내지 대중을 위해 설법한 내용을 당사자가 아닌 제삼자가 그때그때 기록으로 남겨둔 것[隨聞隨錄]을 말합니다. 『단경』은 육조 혜능이 조계라는 지역에 있는 보림사(寶林寺)에서 37년에 걸쳐 펼쳤던 설법과 문답 등을 그의 제자인 법해(法海)가 기록한 것입니다.

그렇다면 왜 『단경』은 '경(經)'이 된 것일까요? 그것은 당시 중국불교의 상황과 관련이 있습니다. 『단경』이 처음으로 출현한 8세기 후반부터 중국 선종에서는 상당히

독특한 흐름이 생겨나게 됩니다. 어록의 주인공에 해당하는 조사(祖師)의 권위가 일찍이 그 유례를 찾아볼 수 없을 정도로 높아졌던 것입니다. 조사는 부처님의 정법안장을 계승한 인물을 가리키는데, 중국 선종에서는 조사를 가장 이상적인 인물상으로 여겼습니다. 조사의 권위가 높아짐에 따라 조사의 어록이 갖는 권위 역시 대단히 높아졌습니다. 중국불교에서 어록은 새로운 장르의 불교 문헌으로 정착되게 되었고, 심지어 부처님의 말씀인 경전마저도 부처님의 어록으로 간주하는 풍조까지 나타났습니다. 이러한 분위기 속에서 혜능의 어록은 자연스럽게 부처님의 설법을 담은 '경'과 대등한 것으로 인식되게 되었습니다. 그 결과로 혜능의 어록은 『단경』이라는 '경'이 되었습니다. 조금 자세히 따져본다면 『단경』이 '경'이 된 데에는 혜능의 제자들의 영향도 있었습니다. 혜능의 제자들은 스승의 위상을 높이는 것은 물론, 중국 선종의 한 분파로 혜능이 중심이 되었던 남종선(南宗禪)의 정통성을 널리 알리기 위한 장치로서 '경'이라는 말이 붙어 있는 『단경』이라는 제목을 활용하고자 했던 것입니다.

　사실 부처님의 말씀을 담은 것이 문헌이 아닌데도

'경'이라고 불리는 것은『단경』만이 아닙니다. 혜능의 제
자인 영가 현각(永嘉玄覺, 647~713)이 지은『증도가』가『불
성경』이라고도 불리는 것, 고려 말기에 백운 경한(白雲景
閑, 1299~1374)이 전등사서 문헌으로 편찬한『백운화상초
록불조직지심체요절』이『직지심경』이라고 불리는 것도
그러한 경우에 해당합니다.『단경』이 언제 출현했는지에
대해서는 정확하게 말하기 어렵습니다. 다만 지금까지 발
견된『단경』의 판본 가운데 가장 오래된 것이 780년을 전
후하여 출현했던 것으로 추정되고 있습니다. 그로부터
『단경』은 후인들에 의하여 점차 내용이 추가되었는데, 심
지어 어떤 부분은 날조가 되기도 했습니다. 그 결과 지금
에 와서는『단경』가운데 어느 부분이 혜능의 진짜 설법이
고 어느 부분이 추가되거나 혹은 날조된 부분인지를 구별
하기가 어렵게 되었습니다.

선종 이해의 길잡이

선에 대해 관심을 가진 사람이라면 수행과 깨달음에 대해서도 관심을 갖고 있을 것입니다. 애초에 선은 깨달음을 얻기 위하여 부처님이 수행의 방법으로 선택한 것이기 때문입니다. 그래서 선은 불교에서 가장 보편적인 수행법이라고 할 수 있습니다. 선, 곧 수행이 깨달음을 위한 방법이라면 수행에 대한 관심은 자연스럽게 깨달음에 대한 관심으로 이어지게 됩니다. 이런 면에서 수행과 깨달음은 불가분의 관계에 있다고 할 수 있습니다. 수행이 없는 깨달음은 불가능하고 깨달음이 없는 수행은 무용지물입니다. 수행과 깨달음의 관계는 본체와 그림자의 관계와 같습니다. 수행이 있는 곳에는 언제나 깨달음이 전제되어 있고 깨달음이 있는 곳에는 언제나 수행이 수반되어 있습니다.

따라서 불교는 깨달음을 어떻게 설정하고 실행하며 인식하고 획득하며 활용하고 평가할 것인가 하는 수증관(修證觀)을 중요하게 생각합니다. 이것은 부처님의 수행에서도 예외가 아니었습니다. 올바른 수행을 선택하는 안목이 반드시 있어야 했고, 올바른 깨달음에 대하여 적절한 평가와 인가를 해줄 수 있는 선각자의 안내 역시 필요했습니다. 『단경』은 기존 인도불교의 것과는 차별되는, 중국 선종에서 새롭게 출현한 수증관을 제시합니다. 이런 면에서 『단경』은 선수행과 관련하여 하나의 이정표가 됩니다.

『단경』은 6세기 말부터 7세기 초까지의, 그러니까 수(隋) 및 초당(初唐) 시대에 해당하는 초기 선종 시기의 어록에 속합니다. 『단경』은 이후에 무수하게 등장하는 선어록 중에서도 최고봉이라는 평가를 받습니다. 선종에서 『단경』이 차지하는 위상은 이 문헌이 선종사의 전개에 미친 영향을 통해서도 분명히 드러납니다. 선종의 성격이 짙은 한국불교에서도 『단경』은 지남(指南)이 됩니다.

『단경』에서 눈에 띄는 점은 재가인을 위한 수행을 강조한다는 것입니다. 혜능은 세속에 머무는 재가인으로서 일상에서 공부하고 수행하는 것에 대해 긍정적으로 이야기합니다. 이것은 혜능이 활동하던 시기에 식자층을 중심으로 풍부한 교양을 지니고 있던 사람들이 선수행에 대하여 관심을 표명한 결과였습니다. 이것은 또한 왕생극락을 추구하는 정토수행이 큰 관심의 대상이 되었던 당시의 분위기와 무관하지 않습니다. 혜능은 마음속 정토라는 유심정토(唯心淨土)의 입장에서 정토수행에 대해 설법했습니다. 그는 자성미타(自性彌陀), 즉 자기의 마음이 바로 아미타불이라는 가르침을 통해 정토수행도 선수행과 무관하지 않다는 견해를 보여주었습니다. 이와 같이 『단경』은 당시 재가인들의 관심에 부합하는 신행관과 수행관을 담고 있었습니다. 『단경』이 세간 사람들의 주목을 받게 된 데에는 이 또한 중요한 이유로 작용했습니다.

　『단경』은 당시 중국 사회가 중시하던 유교적 가치에 대한 불교적 인식도 드러냅니다. 불교의 출가자란 출가를 한 사람을 말합니다. 그런데 이 출가는 기본적으로 부모와 가족을 버리는 행위입니다. 혜능 역시 홀로 된 노모를 두고 출가한 인물이었지요. 유교적 이념이 지배적이었던 당시 사회에서 이러한 행위는 바람직한 것으로 받아들여질 수 없었습니다. 출가함으로써 부모와 가족을 돌보지 않고 가문을 이어나갈 책임마저 거부한다는 것은 당시 유교 측이 불교를 비판할 수 있는 좋은 빌미가 되었습니다. 효를 중시하는 중국에서 토착화되고자 했던 불교는 이러한 비판에 대응해야 했습니다. 불교가 재가인으로 남아 효를 실천할 것인가 아니면 출가자가 되어 깨달음을 추구할 것인가에 대해 고민해야 했던 것과 비슷하게, 유교는 충을 실천할 것인가 아니면 효를 실천할 것인가에 대해 고민해야 했습니다.

유교에서는 충과 효를 중시합니다. 하지만 충과 효를 동시에 추구하기 어려운 경우가 있습니다. 가령 전쟁이 일어난 경우를 생각해봅시다. 이때 두 가지 선택지가 있을 수 있습니다. 하나는 설령 목숨을 잃는 한이 있더라도 전쟁에 나가 싸움으로써 국가에 대한 충을 실천하는 것입니다. 하지만 이렇게 되면 부모에 대해서는 불효를 저지른 것이 됩니다. 다른 하나는 전쟁을 피하고 목숨을 보전하여 부모에 대한 효를 실천하는 것입니다. 하지만 이렇게 되면 국가에 대해서는 불충을 저지른 것이 됩니다. 이렇게 난감한 경우에는 어느 쪽을 선택해야 할까요? 유교는 충과 효는 하나라는 관념을 제시함으로써 이 문제에 대응하고자 했습니다.

그렇다면 불교는 어떻게 했을까요? 『단경』을 보면 혜능은 노모를 홀로 남겨두고 출가하기도 하지만 또한 황제의 부름을 세 번이나 외면하기도 합니다. 혜능의 이러한 일화는 충과 효의 문제에 대해 불교가 제시하는 대안적인 입장을 시사합니다.

『단경』에는 혜능이 제자들을 지도하는 독특한 모습도 그려져 있습니다. 혜능은 13명의 제자를 상대하는데, 그들 각각으로부터 질문을 받고 그 의문을 해결해줍니다. 이와 같이 혜능은 제자들이 지니고 있는 다양한 방편과 수단, 그리고 근기에 어울리는 방식으로 그들의 선수행을 이끕니다. 『단경』에 보이는 이러한 문답 방식은 이후에 더욱 세련되게 다듬어지면서 선문답과 공안이라는 선종의 전형적인 수행법을 출현시키는 계기가 됩니다.

조계종에서 『육조단경』을
중시한 까닭은 무엇인가

한국불교는 이 땅에서 천육백여 년의 세월에 걸쳐 큰 족적을 남기며 이어지고 있습니다. 그만큼 한국불교는 한국인에게 친숙한 정신적·문화적 기반을 그 어떤 종교보다도 많이 제공해왔다고 할 수 있습니다. 특히 선종은 신라 말이었던 9세기 중반에 처음으로 수입된 이후로 한국불교를 더욱 풍요롭고 세련되게 전개시키는 데 큰 역할을 했습니다.

　　인도불교는 처음부터 선과 함께했습니다. 그것은 부처님이 깨달음을 성취하는 방법으로 채택한 것이 선이었기 때문입니다. 그러나 중국에서는 불교와 선이 동시에 시작되지 않았습니다. 불교가 중국에 전래된 것은 불교가 발생했던 시점부터 대략 오백여 년 뒤였고, 중국의 선은 그로부터 다시 오백여 년 뒤에 시작되었기 때문입니다. 그러한 사정은 우리나라도 마찬가지였습니다. 한국불교의 역사에서 선은 법랑(法朗, 7~8세기) 선사가 8세기 중반에 중국 선종의 제4조 도신 대사의 문하에서 공부하고 돌아오면서 시작되었습니다. 그래서 한국불교의 역사는 천육백여 년이지만 선의 역사는 그보다 짧은 천이백오십여 년입니다.

선이 본래 불교의 출현과 함께 시작되었던 것임에도 불구하고 인도 이외의 나라에서 불교의 전래와 선의 전래 사이에 시대적 간극이 있는 것은 무엇 때문일까요? 그것은 선의 특수한 성격과 속성 때문입니다. 일찍이 당나라의 규봉 종밀(圭峰宗密, 780~841)은 『도서』라는 책에서 "선(禪)은 부처님의 마음이고 경전[經]은 부처님의 말씀이다"라고 말했습니다. 선이나 경전이나 모두 부처님을 근원으로 한다는 점에서 동일하다는 이야기이지요. 여기에는 선과 경전이, 즉 선과 교가 서로 우위를 주장하며 다툴 것이 아니라 화합하고 회통해야 한다는 뜻도 담겨 있습니다.

일반 사람들의 입장에서는 부처님의 말씀, 곧 경전이 상대적으로 이해하기가 쉬웠습니다. 글자로써 분명하게 표현되어 있었으니까요. 하지만 부처님의 마음, 곧 선은 그에 비해 이해하기가 어려웠습니다. 부처님의 마음이라는 것은 형체나 냄새는 물론 글자를 비롯한 그 어떤 것을 통해서도 분명하게 표현될 수 없기 때문이었습니다. 따라서 경전이 널리 읽히고 이해되는 상황에서도 정작 부처님의 마음이 어떤 것인지를 이해한 사람은 드물었습니다. 그래서 부처님의 말씀과 달리 부처님의 마음은 깨달음만큼이나 표현될 수 없고 정의될 수 없는 것으로 여겨졌습니다.

　그러다가 6세기 초에 인도로부터 보리달마(菩提達磨)라는 사람이 중국에 왔습니다. 부처님의 깨달음에 해당하는 정법안장을 계승한 조사인 달마가 중국에 왔던 까닭은 무엇이었을까요? 이 질문은 후대에 도대체 불교란 무엇이고, 부처님이란 무엇이며, 마음이란 무엇이고, 깨달음이란 무엇인가 하는 공안(公案)으로 정착되면서, 숱한 사람들에게 선문답으로 제공되었습니다. 그 공안이 바로 '조사서래의(祖師西來意)', 즉 "달마가 서쪽의 인도에서 동쪽의 중국으로 온 까닭이 무엇이냐?"라는 것이었습니다. 이 문제는 공안의 측면에서는 정해진 답변[定答]이 없습니다. 그러나 선학(禪學)이라는 학문적 측면에서는 깨달음을 성취한 사람 누구에게나 각자 나름대로의 올바른 답변[正答]이 존재합니다.

달마가 중국에 왔던 것은 부처님의 정법안장을 계승할 후계자를 찾기 위해서였습니다. 물론 인도라고 해서 그런 후계자가 될 만한 인물이 없었던 것은 아닙니다. 다만 달마가 활동하던 시대에 인도불교는 쇠퇴의 길을 걷고 있었음을 유념할 필요가 있습니다. 달마는 불교가 더욱 흥기하고 있는 지역으로서 중국을 선택했던 것이었지요. 실제로 그 이후 중국불교는 활발한 연구와 신행을 통하여 어느 국가의 불교보다도 더욱 크게 번영했습니다. 달마의 안목은 바로 이것을 보여줍니다.

앞서 제기했던 질문을 여기서 다시 한 번 상기해보겠습니다. 인도 이외의 나라에서 불교의 전래와 선의 전래가 동시에 일어나지 않은 까닭은 무엇이었을까요? 그것은 불교가 전래되어 오랫동안 경전이 연구되고 불법이 신행되면서 부처님의 마음을 이해하는 시절인연이 도래해야 비로소 선이 정착할 수 있기 때문입니다. 선은 부처님의 마음을 제대로 이해하고 깨달은 사람에게만 가능한 것인 까닭에, 깨달은 사람을 말미암아 전승되는, 즉 철저하게 사람에 의하여 사람에게 전승되는 특징이 있습니다. 그래서 선의 전래는 어떤 깨달은 사람이 어떤 깨달은 스승으로부터 부처님의 깨달음인 정법안장을 계승하여 오는 시점을 기준으로 하여 논의되어 왔습니다. 그래서 중국 선종에서는 보리달마를 기준으로 하여 그 시작을 말하고, 한국 선종은 법랑 선사가 중국에서 제4조 도신(道信, 580~651) 대사 문하에서 깨달음을 얻어 신라에 돌아온 것을 기준으로 하여 그 시작을 말합니다. 불교가 발생한 인도를 제외하고 기타 불법이 전래된 모든 국가에서 선의 전래가 불교의 전래보다 후대에 해당하는 데에는 이러한 이유가 있습니다.

그런데 오늘날 대한불교조계종의 역사는 한국 선종의 역사와 반드시 일치하지는 않습니다. 선종을 정체성으로 삼는 대한불교조계종이기는 하지만 그 시조를 법랑 선사가 아니라 도의(道義, 8~9세기) 선사로 보기 때문입니다. 도의 선사는 법랑보다 수십 년 늦은 821년에 중국 유학을 마치고 귀국했습니다. 따라서 법랑 선사를 시작으로 하는 한국 선종의 역사는 천이백오십여 년인데 반해, 도의 선사를 시작으로 하는 대한불교조계종의 역사는 그보다 짧은 천이백여 년이 됩니다. 물론 대한불교조계종의 역사가 사실상 한국 선종의 역사라고 할 수 있으므로 이 둘을 굳이 구분할 필요는 없습니다.

그런데 대한불교조계종은 왜 법랑 선사가 아니라 도의 선사를 시조로 보는 것일까요? 이에 대한 힌트는 '대한불교조계종'이라는 종명 안에 이미 있습니다. '대한불교조계종'이라는 이름에는 '조계(曹溪)'라는 말이 들어 있습니다. '조계'는 혜능이 37년 동안 주석하면서 법을 펼친 보림사가 있던 지역의 이름으로, '조계 혜능'이라는 말에서도 보듯 혜능을 가리키는 명칭으로 사용되기도 합니다. 따라서 '조계종'이라는 종명은 혜능의 법맥(法脈)을 계승한 정통성 있는 종파라는 의미가 됩니다. 조계종이 법랑 선사가 아니라 도의 선사를 시조로 추앙하는 것 역시 혜능의 법맥을 계승한다는 이러한 의식 때문입니다. 법랑 선사는 혜능의 할아버지뻘 되는 도신 대사의 제자이기 때문에 항렬로 따지면 혜능의 아버지뻘에 해당합니다. 따라서 법랑 선사는 혜능의 법맥이라고 할 수 없습니다. 그에 반해 도의 선사는 한국인 가운데 최초로 혜능의 법맥을 계승한 인물입니다. 이러한 이유에서 조계종은 법랑 선사

대신 도의 선사를 모시게 된 것입니다.

혜능은 불교의 교의에 해박했고 설법 역시 대단히 뛰어났습니다. 그래서 혜능의 설법을 들은 이라면 누구나 큰 감동을 받았습니다. 하지만 사찰의 도량이 협소했던 까닭에 많은 사람들이 설법을 듣기는 어려웠습니다. 이 점을 안타깝게 생각하던 혜능은 도량을 확장하기 위해 고을 유지였던 진아선을 만났습니다. 진아선은 혜능의 설법에 감동을 받은 사람들 중 한 명이었지요. 이때 만난 혜능과 진아선의 대화는 다음과 같습니다.

"노승이 그대에게서 좌구를 펼 만한 땅을 얻고자 하는데 도와주시겠습니까?"

진아선이 말했습니다.

"화상께서 좌구를 펴는 데 필요한 땅은 어느 정도입니까."

혜능이 좌구를 꺼내어 보여주자, 진아선이 말했습니다.

"예, 그렇게 하겠습니다."

혜능이 그 좌구를 한번 펼치자 조계의 사방을 뒤덮었습니다. 그러자 사천왕(四天王)이 몸을 나타내어 좌구로 뒤덮인 사방을 진호했습니다.

진아선이 말했습니다.

"화상의 법력이 광대한 것을 알겠습니다. 다만 저희 고조할아버지까지 모든 묘지가 그 땅 안에 모셔져 있어서 훗날 탑을 만들려고 하는데 모쪼록 그대로 두도록 허락해 주시기 바랍니다. 그 밖의 모든 것은 보시하니 길이 사찰로 삼아주시기 바랍니다."

진아선이 보시한 지역은 『삼국지』에 나오는 위(魏)나라 태조인 조조(曹操)의 후손들이 거주하고 있던 지역이었기에 조후촌(曹後村)이라고 불리고 있었습니다. 이러한 인연으로 혜능은 '조계 대사'라는 명칭으로 불리게 되었고, '조계고불(曹溪古佛)'이라는 존칭도 갖게 되었습니다. 이후 혜능은 경내에서 산수가 빼어난 곳을 만나면 그곳에 머물렀는데, 이로써 마침내 13곳의 난야(蘭若)가 건립되었습니다.

대한불교조계종은 소의경전으로 『금강경』을 내세우고, 조사의 전등법어(傳燈法語)로는 『단경』과 『임제록』을 중시합니다. 혜능의 법맥을 계승했다고 표방하는 대한불교조계종이 혜능의 법어를 모은 『단경』을 중요하게 여기는 것은 당연한 일일 것입니다. 한국불교의 큰 뿌리가 혜능 계열의 선종에 있는 만큼, 한국인인 우리는『단경』을 읽어볼 필요가 있다고 하겠습니다.

2

『육조단경』은
왜
만들어졌을까

『육조단경』에도 여러 종류가 있다

『단경』은 8세기 후반, 곧 780년을 전후하여 처음 그 모습을 드러냈으며, 이후로 중국, 한국, 일본에서 여러 차례 개판되었습니다. 『단경』의 기본적인 판본으로는 현재 5종이 있습니다.

첫째는 돈황본입니다. 이것은 필사본으로, 당나라 때 출현한 최초의 판본입니다. 원본은 현재 대영박물관에 소장되어 있습니다. 따로 분과가 없으며, 대정신수대장경에 종보본과 함께 수록되어 있습니다.

둘째는 대승사본입니다. 이것은 송대 혜흔본(967)을 계승한 것으로, 일본 가마쿠라시대의 필사본입니다. 원본은 일본 이시카와현 가나자와시 대승사에 소장되어 있습니다. 11분과로 구성되어 있습니다.

셋째는 흥성사본입니다. 이것 역시 송대 혜흔본(967)을 계승한 것으로, 일본 가마쿠라시대의 필사본입니다. 원본은 일본 교토시 호리가와 흥성사에 소장되어 있습니다. 11분과로 구성되어 있습니다.

넷째는 덕이본입니다. 이것은 송대 설숭본(1056)을 계승한 것으로, 원나라 말기였던 1290년에 몽산 덕이(蒙山德異, 1231~1308)가 개판한 것입니다. 10분과로 구성되어 있습니다.

다섯째는 종보본입니다. 이것 역시 송대 설숭본(1056)을 계승한 것으로, 원나라 말기였던 1291년에 종보가 개판한 것입니다. 대정신수대장경에 돈황본과 함께 수록되어 있습니다. 10분과로 구성되어 있습니다.

이들 다섯 종 가운데 돈황본은 중국 서쪽 돈황 지역에서 발견된 판본을 말합니다. 19세기 말부터 20세기 초에 걸쳐 돈황을 탐험하던 서양인들은 그곳의 여러 동굴에서 많은 유물을 발견했습니다. 길게는 약 일천 년 동안이나 보관되어 있던 그 유물들은 대부분 불교와 관련된 것들이었으며, 특히 문헌과 회화가 많았습니다. 당시에 발견된 문헌 중에는 『단경』도 있었는데, 이것을 가리켜 돈황본이라고 말합니다. 돈황본 『단경』은 780년을 전후하여 만들어진 가장 오래된 판본이기에 오탈자가 많고 분량도 가장 적습니다. 하지만 돈황본 『단경』은 후인들에 의한 개

작이 가해지기 이전의 원래 모습을 간직하고 있다는 점에서 중요합니다.

우리나라에서는 고려시대 보조 지눌(普照知訥, 1158~1210)이 1207년에 『단경』을 수입하여 1208년에 「서문」을 붙였는데, 그 본문이 없는 까닭에 혜흔본인지 설숭본인지 분명하지 않습니다. 이후로 우리나라에서 전승된 판본은 거의 대부분이 설숭본을 계승한 몽산 덕이의 개판 판본입니다.

이처럼 『단경』은 어떤 어록보다도 그 판본이 다양합니다. 이것은 『단경』이 시대와 지역을 가리지 않고 널리 수용된 어록이었음을 보여줍니다. 그러나 『단경』 자체의 내용이 워낙 출중한 까닭이었는지 의외로 『단경』의 내용에 대한 주석서는 그다지 많지 않습니다. 이것은 『단경』에서 혜능이 설한 내용이 다른 견해 없이 그대로 수용되고 인정되었음을 보여줍니다. 우리나라에서도 조선 후기에 백파 긍선(白坡亘璇, 1767~1852)이 주석한 『육조대사법보단경요해』 이외에는 별다른 주석이 보이지 않습니다.

혜능은 무엇을 말하고자 했는가

종보본 『단경』에 의거하여 10분과에 담겨 있는 내용을 개괄해보면 다음과 같습니다.

①「행유품」은 혜능의 행장을 다룹니다.

『단경』을 이해하는 방법으로는 두 가지가 있습니다.

하나는 『단경』에 실린 혜능의 설법에 주목하는 방법입니다. 『단경』에는 혜능의 설법이 그의 제자인 법해(法海)가 남긴 기록으로 담겨 있습니다. 물론 설법자와 기록자가 다른 만큼 『단경』의 내용 가운데에는 기록자인 법해의 견해가 어느 정도 들어가 있을 수 있습니다. 하지만 이러한 사정은 당사자가 아니라 제삼자가 기록한 모든 어록이 그럴 수밖에 없습니다. 따라서 이 문제와 관련해서는 기록자의 역량과 안목을 믿을 수밖에 없습니다.

다른 하나는 『단경』에 실린 혜능의 전기, 즉 행장에 주목하는 방법입니다. 설법과 마찬가지로 행장 역시 대부분의 경우 제삼자에 의해 기록되기 마련입니다. 그런데

『단경』의 첫 번째 장인「행유품」에 실린 혜능의 행장은 혜능 자신이 설법에서 이야기한 내용입니다. 따라서 이 행장은 제삼자에 의해 쓰이기 마련인 여타의 일반적인 행장에 비해 신뢰할 만하다고 할 수 있습니다. 이 행장에서 혜능은 출가, 구법, 스승 홍인으로부터 받은 깨달음에 대한 인가, 16년에 걸친 도피 생활, 제6대 조사로의 등극, 조계 보림사에서 펼친 대중 설법으로 이어지는 자신의 일생을 회고하는 형식으로 술회합니다. 이러한 혜능의 행장은 『단경』의 어떤 대목보다도 사실적이고 구체적이며 감동적인 내용을 담고 있습니다.

②「반야품」은『반야경』의 내용과 관련된 것입니다. 『반야경』은 혜능의 출가와 관련이 있는 경전입니다. 출가하기 전의 혜능은 시장을 지나가다가 어떤 사람이 경전을 독송하는 것을 듣게 됩니다. 독송 소리에 문득 마음이 끌린 혜능은 그 사람에게 어떤 경전을 독송한 것이냐고 물었습니다. 혜능의 질문에 그는『금강경』이라고 대답했습니다. 혜능은 이 일을 인연으로 출가할 마음을 품게 되었습니다.「반야품」에서 혜능은 경전의 제목인 '마하반야바라밀'을 '마하'와 '반야'와 '바라밀'로 나누어 각각 그 의

미를 설해주고, '마하반야바라밀'의 일곱 글자를 염송하면 지혜를 얻을 수 있다고 말합니다. 그리고 이로써 반야삼매에 들어가고, 나아가서 반야행을 실천하면 그 공덕이 무량하고 무변하다고 설합니다.

③ 「의문품」은 자사(刺史) 위거(韋據)가 한 세 가지 질문에 대해 혜능이 답을 해주는 내용입니다.

첫째 질문은 양나라 무제와 달마 대사가 의기투합(意氣投合)하지 못한 것은 누구의 허물인가 하는 것이었습니다. 이 질문은 양나라 무제가 달마 대사를 만나 문답을 했는데, 문답 끝에 결국 무제가 달마 대사를 추방한 일화와 관련된 것입니다. 이에 대해 혜능은 달마의 잘못은 없고 무제의 잘못이라고 답합니다. 달마 대사가 무루공덕의 지혜를 추구했던 반면 양나라 무제는 유루복덕을 추구했기 때문이라는 것입니다.

둘째 질문은 서방에 정말 정토세계가 존재하는가, 그리고 그 세계에는 어떻게 해야 갈 수 있는가 하는 것이었습니다. 이것은 당시에 크게 유행하던 정토사상과 관련된 것입니다. 이에 대해 혜능은 정토는 자기의 마음이 청정한 것을 가리키고, 열 가지 악[十惡]을 버리고 열 가지 선

[十善]을 닦으면 누구나 정토에 갈 수 있다고 답합니다.

셋째 질문은 출가승려가 아닌 재가인의 수행법을 묻는 것이었습니다. 이에 대해 혜능은 깨닫는 데는 출가와 재가의 구별이 없다고 말합니다. 그리고 일상에서 최선을 다하여 살아가는 것으로 마음을 곧게 지키면 굳이 계를 수지할 필요가 없고, 행동을 바르게 하면 굳이 선을 따로 닦을 필요가 없으며, 일상에서 인(仁)·의(義)·예(禮)·지(智)·신(信)을 실천하는 것으로 누구든지 깨달음에 이른다고 답변합니다.

④「정혜품」은 정과 혜의 성격에 대하여 설한 내용입니다. 혜능에 의하면 정은 선정이고 혜는 지혜이며, 선정은 수행이고 지혜는 깨달음입니다. 이 정과 혜는 곧 수행과 깨달음으로, 수행은 깨달음을 위한 행위가 아니고, 깨달음은 수행의 결과가 아닙니다. 수행과 깨달음은 대등한 관계로서, 수행은 깨달음의 실천이고 깨달음은 일상의 수행입니다. 그래서 정과 혜는 등잔과 등불의 관계처럼 일체(一體)의 관계임을 강조합니다. 정과 혜에 대한 이와 같은 견해는 이후로 중국 선종의 전반적인 기저를 형성합니다. 이 점이야말로 혜능의 사상에서 가장 두드러진 특징

이기도 합니다.

⑤「좌선품」은 좌선이라는 용어의 의미를 크게 확대하여 설명합니다. 원래 좌선은 앉은 자세의 선수행을 의미했습니다. 그러나 혜능은 좌선을 걷고 머물며 앉고 눕는 일상적인 모든 행위의 선수행이라는 의미로 확대하여 설명합니다. 나아가서 좌선에 대하여 깨달음이라는 의미까지도 부여합니다. 더욱이 좌선을 '좌'와 '선'으로 나누어, '좌'는 밖으로 일체 선악의 경계에 대하여 분별심이 일어나지 않는 것이고, '선'은 안으로 자성이 본래 청정하다는 도리를 깨달아 조금도 산란하지 않는 것이라고 해석합니다.

⑥「참회품」은 16년에 걸친 도피 생활을 마치고 39세가 된 혜능이 광주 법성사에서 자기의 신분을 드러낸 후 했던 수계법회에서 설법한 내용입니다. 이런 점에서 본다면 이「참회품」이야말로『단경』의 '단(壇)', 곧 '계단(戒壇)'과 직접 관련된 대목입니다. 여기에서 혜능은 오분법신향·사홍서원·삼귀의계·삼신불 등이 모두 마음속의 오분법신향·사홍서원·삼귀의계·삼신불임을 설합니다. 이것은 혜능의 설법을 자성법문이라고 부르는 이유이기도

합니다.

⑦「기연품」은 혜능이 무진장 비구니, 법해, 법달, 지통, 지상, 지도, 청원 행사, 남악 회양, 영가 현각, 지황, 어떤 승, 방변, 어떤 승 등 13명의 제자를 교화해준 인연을 기록한 것으로, 열 개의 품 가운데 가장 많은 분량을 차지합니다. 이 대목은 혜능의 본래 설법으로만 이루어져 있지 않고, 후대에 『단경』을 편찬하고 개판한 사람들에 의해 보완된 내용도 상당 부분 포함하고 있습니다. 이 품의 내용 가운데 어느 것이 혜능의 본래 설법 내용이고 어느 것이 후대 사람들에 의해 보완된 내용인지를 명확히 식별하기는 어렵습니다. 하지만 이 품은 혜능이 제자를 교화하는 교육 방식을 가장 구체적으로 보여줍니다.

⑧「돈점품」은 남종의 종지를 선양하는 내용입니다. 여기서 혜능의 선풍은 돈오를 주장하는 남종으로, 신수의 선풍은 점수를 주장하는 북종으로 대비됩니다. 여기서 혜능은 지성, 지철, 신회를 상대로 북종의 종지를 꾸짖음으로써 자신의 남종 종지가 우월하다는 것을 적극적으로 주장합니다.

⑨「선조품」은 측천무후와 중종황제가 사신을 보내

서 도합 세 차례에 걸쳐 혜능을 불렀지만, 혜능이 온갖 핑계를 대며 부름에 응하지 않는 내용입니다. 마지막에는 혜능도 황제에 대한 예의를 차리는 모양새를 취합니다. 곧 사신으로 왔던 설간을 상대로 설법을 해주었고, 설간은 그 설법을 기록하여 돌아가서 황제에게 바쳤습니다. 이에 황제는 조칙을 내려 혜능이 마치 비야리성에 있으면서도 대승법을 선양하고 제불의 심인법을 전승하며 불이법을 말한 유마와 같다고 찬탄합니다. 그리고 소주 자사에게 칙명을 내려서 혜능이 주석하고 있는 보림사를 보수하게 하고, 혜능의 속가를 수리하여 국은사로 개명하게 합니다.

⑩ 부촉품은 혜능의 만년에 대한 기록입니다. 혜능의 입적과 장례, 그리고 비석의 건립 등에 대해 기록하고 있습니다. 특히 혜능은 임종에 이르러 십대 제자를 불러놓고 이후에 각자 선지식이 되었을 때 어떻게 타인에게 선종의 종지를 설법할지에 대해 구체적으로 말해줍니다. 특히 오음(五陰)과 십팔계(十八界)와 십이입(十二入)의 삼과법문(三科法門)에 대하여 항상 상대성을 잃지 말고 설법하라는 당부를 합니다. 그리고 제자들에게 정법안장을 부촉

하고, 자신의 사후에 일어날 일련의 사건들을 이야기하며 여법하게 대처할 것을 당부합니다. 이때 혜능은 자신이 입적한 이후에 동방에서 온 사람이 그의 머리를 훔쳐갈 것이라는 예언을 합니다. 이 예언은 경상남도 하동군 쌍계사에 있는 육조정상탑, 즉 육조의 머리뼈를 모신 탑의 배경 이야기라고 할 수 있습니다.

이와 같이 『단경』을 구성하는 열 개의 품에는 여러 내용들이 종횡으로 설해져 있습니다. 하지만 이 각 품들은 각자의 주제에 대해 이야기함으로써 하나의 종합된 전체로서의 『단경』을 이룹니다. 『단경』에는 혜능의 설법을 종지로 하는 선종의 종통(宗通)과 그것을 언설로 설하는 설통(說通)이 모두 잘 드러나 있습니다.

정통선을 자리매김하다

713년에 혜능이 입적한 이후로 중국 선종에서는 보리 달마 법맥의 정통에 대한 논쟁이 불거졌습니다. 그것은 혜능을 중심으로 하는 제자들과 대통 신수(大通神秀, 606~706)를 중심으로 하는 제자들 사이에 일어난 법맥 논쟁이었습니다. 신수는 혜능과 함께 홍인의 제자였는데, 혜능보다 32세 연장자였을 뿐만 아니라, 혜능이 행자로 있었던 홍인의 문하생 칠백 대중 가운데 으뜸가는 제자로서 교수사(敎授師)였습니다. 그러나 혜능이 홍인의 정법안장을 계승한 후에는 56세의 나이로 홍인의 곁을 떠나 깊은 산속에서 홀로 피나는 정진을 계속했습니다. 신수의 그런 모습은 나무꾼이나 사냥꾼들의 입소문을 타고 퍼져 갔습니다. 그 결과 신수 휘하로 제자들이 모여들더니 그 숫자가 3천 명에 이르게 되었습니다. 그곳의 관찰사로 있던 송지문(宋之問)은 당시에 당나라를 무너뜨리고 소위 대주(大周)의 황제가 된 측천무후(則天武后)에게 상소하여 신수 대사를 국사(國師)로 천거했습니다. 그때 신수의 나이 95세였습니다. 측천무후가 신수 대사를 국사로 제수하자, 신수는 이듬해인 96세 때 장안에서 국사로 있으면서 황실과 귀족층을 상대로 선법을 널리 알렸습니다. 이 일을 계기로 선종은 중앙으로 진출하게 되었습니다.

신수와 혜능은 여러 가지 면에서 서로 상반됩니다. 신수가 누대에 걸쳐 높은 벼슬을 지냈던 명문가 출신이었던 데 반해 혜능의 집안은 보잘것없었습니다. 혜능의 부친은 미미한 말단 관리로 생활하다가 좌천되어 당시에 변방에 속했던 영남의 신주로 옮겨 살았던 인물입니다. 혜능은 세 살이 되던 해 아버지를 여의었고, 이후로는 가난한 홀어머니 밑에서 자라났습니다. 또한 신수가 불교의 삼장에 해박한 지식을 갖추고 있었던 데 반해 혜능은 소위 일자무식(一字無識)이었습니다. 게다가 신수가 홍인 문하에서 칠백 명이나 되는 대중을 거느리는 상수제자였던 데 반해 혜능은 갓 입문한 행자로서 방앗간에서 방아 찧는 일을 했습니다. 신수가 장안에서 황제 곁에 머무르는 국사가 되어 수많은 기라성 같은 제자를 배출했고 그 제자들도 연이어 국사를 지냈던 데 반해, 혜능은 장안에서 멀리 떨어진 소주 지방에 주석하면서 황제의 부름에도 응하지 않는 등 정치 권력을 멀리하고 순수하게 선법을 실천했습니다.

혜능의 선법과 신수의 선법은 그 제자들의 시대에 이르러 혜능의 남종선(南宗禪)과 신수의 북종선(北宗禪)으로 각각 불리게 되었습니다. 이들은 자파의 선풍이 정통이고 상대방의 선풍은 방계라는 의식을 저마다 갖고 있었습니다. 이러한 대립은 법맥의 정통 논쟁으로 번져갔습니다.

중국은 고대부터 가문을 중시하는 뿌리 깊은 전통을 지니고 있었습니다. 그 결과 대의(大義)와 명분(名分)을 중시하며 훌륭한 가문을 영위하는 것을 가장 영예로운 삶으로 간주했습니다. 선종은 이러한 문중 개념을 재빠르게 수용했습니다. 중국 선종의 각 종파들은 족보에 해당하는 전등사서(傳燈史書)를 만들어 그들의 선법이 부처님으로부터 전승된 것이고, 따라서 자신들이야말로 정통이라고 주장했습니다. 혜능의 제자들과 신수의 제자들 역시 자파야말로 정통이라고 저마다 주장했습니다. 중국 선종에서 '정통'이라 함은 달마의 후계자로서 그의 법을 계승했다는 의미입니다.

혜능의 '남종선'이라는 명칭은 혜능이 터전을 삼았던 지역이 수도를 기준으로 볼 때 남방이었기 때문에 붙여진 것입니다. 신수의 '북종선'이라는 명칭은 신수가 국사로 있었던 수도가 중국 대륙 전체로 볼 때 북방 지역에 속했기 때문에 붙여진 것입니다. 보리달마의 출신 지역인 인도와 결부하여 달마의 선법을 남종으로 명명했고, 그것을 계승했다는 점에서 남종이라고 불렀다고도 합니다. 하지만 남종선과 북종선은 단순히 지역적 배경만으로 구분되는 것이 아닙니다. 남종선인 혜능의 선풍은 사람의 마음에 본래부터 깨달음이 갖추어져 있음을 온전히 그리고 찰나에 자각하는 돈오(頓悟)를 이야기했습니다. 반면에 신수의 선풍은 사람의 마음에 본래부터 깨달음이 갖추어져 있긴 하지만 그것을 깨닫기 위해서는 점차적인 수행을 해야 한다는 점수(漸修)를 이야기했습니다. 이러한 차이를 중심으로 하여 남종과 북종의 대립 구도가 형성되었습니다.

이 대립 구도 안에서 남종선과 북종선은 저마다 자신이 정통이고 상대는 방계임을 입증하고자 노력했습니다. 남종선에서 그 선봉에 나선 인물은 혜능의 십대 제자

가운데 한 명으로 언급되는 하택 신회(荷澤神會, 684~758)였습니다. 십대 제자라는 개념은 부처님에게 십대 제자가 있었다는 것에서도 보이고, 공자에게 십철(十哲)의 제자가 있었다는 것에서도 보입니다. 『역대법보기』에 따르면 혜능의 스승인 홍인의 제자들 가운데서도 혜능(慧能), 신수(神秀), 지선(智詵), 지덕(智德), 현색(玄賾), 노안(老安), 법여(法如), 혜장(慧藏), 현약(玄約), 유주부(劉王薄)가 십대 제자였다고 합니다.

십대 제자라는 말에 특별한 의미를 부여할 필요는 없지만, 『단경』의 「부촉품」에서는 혜능의 십대 제자로 스승의 입적을 곁에서 지켰던 법해(法海), 지성(志誠), 법달(法達), 신회(神會), 지상(智常), 지통(智通), 지철(志徹), 지도(志道), 법진(法珍), 법여(法如)를 언급하고 있습니다. 신회는 혜능 사후에 스승의 선법인 남종을 정통으로 확정하는 데 절대적인 공헌을 했고, 그 결과 오늘날에 이르기까지 혜능의 종풍이 존속할 수 있는 계기를 만든 인물로 대단히 중요합니다. 여기서는 신회에 대해 조금 더 살펴보겠습니다.

신회는 원래 북종선의 조사인 대통 신수(大通神秀)의

제자였습니다. 어린 나이에 신수의 제자가 되었지만, 스승이었던 신수가 측천무후에게 국사로 제수되어 수도 낙양으로 떠나면서 헤어지게 되었습니다. 신회는 스승의 추천을 받아 혜능을 찾아갔는데, 그때 13세 전후였던 신회는 어린 마음에 스승이 자기를 버렸다고 잘못 생각하여 몹시 서운하고 분개했던 것으로 보입니다. 혜능을 찾아간 신회는 자기를 제자로 흔쾌하게 받아준 혜능에게 평생의 은혜를 갚고자 하는 마음을 가지게 되었습니다. 신수와 그 문하의 북종선이 황실과 귀족층에게 의심의 여지없이 정통으로 인정받고 있던 당시의 상황 속에서 신회는 스승인 혜능의 남종선법을 크게 선양하고자 했습니다. 신회는 신수와 혜능이 입적한 이후인 720년에 칙명을 받아 남양(南陽) 용흥사(龍興寺)에 주석하게 되었는데, 이때부터 평소에 품어왔던 생각을 실천에 옮기기 시작했습니다.

신회는 732년에 하남 활대의 대운사(大雲寺)에서 수많은 대중을 모아서 무차대회(無遮大會)를 베풀어 북종에 속하는 산동의 숭원(崇遠) 법사와 남종과 북종의 정통성 문제를 놓고 논쟁을 벌였습니다. 거기서 신회는 신수의 북종에 대하여 법맥은 방계이고 법문은 점(漸)이라고 주장했습니다. 또 745년에는 『현종기(顯宗記)』라는 글을 지어서 혜능의 남종은 돈오법이고 신수의 북종은 점수법이라는 의미의 '남돈북점(南頓北漸)'이라는 말을 유행시켰습니다. 하지만 753년에 어사 노혁(盧奕)이 정통으로 간주되던 북종을 방계라고 주장한 신회를 무고하였고, 그 결과 신회는 칙명에 의해 낙양 하택사에서 추방됩니다. 이후 신회는 한곳에 정착하지 못하고 강서의 악양 및 호북의 무당 등으로 옮겨 다녔고, 이듬해인 754년에는 양양으로 옮겼다가 다시 형주의 개원사 및 반야원 등의 사찰을 전전했습니다.

당시 당나라는 안록산(安祿山)과 사사명(史思明)의 난(亂)으로 인해 큰 혼란을 겪고 있었습니다. 이때 신회는 대부(大府)에서 계단(戒壇)을 설치하고 대대적으로 수계법회를 주관하여 거금의 향수전(香水錢)을 모아서 황제를 크게 도왔습니다. 안사의 난이 평정된 이후에 숙종황제는 하택사에 선원을 건립하고 칙명으로 신회를 주석하도록 했는데, 그로부터 신회는 하택(荷澤) 대사라고 불렸습니다. 신회는 황제의 신임을 받아 마침내 황제로부터 스승인 혜능의 남종선풍이 정통이라는 칙명을 받아냈습니다. 당시에 황제의 권위에 도전할 사람은 아무도 없었기 때문에 이후로 신수의 북종선풍은 급속도로 기울게 되었습니다. 북종에 속했던 수많은 선승은 대부분 남종으로 소속을 옮겼고, 기타는 당시에 활동하고 있던 선종의 우두종(牛頭宗)등으로 소속을 옮겼습니다. 이때부터 세력을 상실하기 시작한 북종은 끝내 재기하지 못하고 소멸하고 말았습니다.

이후 남종 문도들은 780년을 전후하여 당시까지 단편적으로 전해오던 혜능의 설법을 모아서 더 이상 북종의 눈치를 보지 않고 『단경』이라는 법어집을 만들었습니다. 이것이 『단경』의 본격적인 출발이었습니다. 그리고 758년에 신회가 입적한 이후 796년에 황태자가 여러 선사를 소집하여 선문의 종지를 남종으로 거듭 확정하고 신회를 선종의 제7조로 삼았으며, 그 선풍을 하택종(荷澤宗)이라고 일컬었습니다.

그러나 사후에 제7조로 추대된 신회는 본의 아니게 남종의 다른 제자들로부터 왕따를 당했습니다. 신회는 스승 혜능을 제6대 조사로 확립시킨 공로로 크게 찬탄을 받았지만, 그 자신이 제7조로 불리게 되면서 스승을 팔아먹은 사람이라는 오명을 쓰게 되었기 때문입니다. 따라서 신회의 문도들은 하택종 제5조인 규봉 종밀(圭峯宗密, 780~841) 무렵까지는 어느 정도 세력을 구가하고 있었지만, 종밀이 입적한 9세기 중반 이후로는 차츰 쇠약해지면서 결국 그 종지만 남게 되었습니다.

그렇다면 신회는 어째서 혜능의 남종을 정통으로 만들려고 그토록 노력했던 것일까요? 그리고 혜능이 정통으로 확정된 결과는 무엇으로 증명할 수 있는 것일까요? 이 문제와 관련해서는 우선 중국 사회의 이면을 생각하지 않으면 안 됩니다. 중국이라는 사회는 주(周) 나라 때부터 문물과 제도와 사상을 거의 완비하고 있었다고 해도 과언이 아닙니다. 그 가운데 가문을 중시하는 사고방식은 유교의 출현과 더불어 더욱 확고하게 자리 잡았습니다. 그 결과 국가는 망해도 가문은 망하지 않고, 국가의 건설 역시 명문 가문을 중심으로 이루어지는 경우가 비일비재했습니다. 가문을 중시하는 문화는 조상을 숭배하는 문화와 불가분의 관계에 있기 때문에, 가문의 정통에서 벗어난 조상을 둔 사람은 출세에도 어려움을 겪기 마련이었습니다.

인도로부터 수입된 불교에서 특수하게 형성된 선종

역시 중국 사회에 튼튼하게 뿌리를 내리기 위해서는 가문과 조상을 중시하는 문화를 수용해야 했습니다. 달마로부터 전승된 중국 선종에서는 달마의 법맥을 계승하는 것을 정통으로 여겼습니다. 하지만 정통은 여럿이 아니라 단지 하나만 가능했습니다. 한 종파가 정통이 되기 위해서는 다른 종파들이 방계가 되어야 했습니다.

남종과 북종 사이에 벌어진 정통과 방계의 다툼은 이러한 배경을 지니고 있었습니다. 남종은 정통성을 확보하기 위하여 어떤 방법을 써서라도 스승 혜능을 정통으로 부각시키려고 했습니다. 이 일을 맡아 수행했던 장본인이 바로 신회였습니다. 정통성에 대한 남종의 염원을 충분히 인식하고 있던 신회는 안사의 난이라는 시대적 상황 속에서 기회를 포착할 수 있었습니다. 그리고 마침내 황제로부터 남종이 정통이라는 인정을 받아냈습니다.

하지만 남은 문제가 있었습니다. 남종이 정통이라는 명분은 확보했지만, 실제적으로 그것을 증명해줄 뭔가가 여전히 필요했던 것입니다. 그래서 남종 문도들은 스승 혜능의 설법을 기록으로 남김으로써 후대의 어느 누구도 혜능의 남종선법을 부정할 수 없게 하는 장치를 마련하고자 했습니다. 이러한 이유에서 혜능의 설법집인 『단경』이 출현하게 되었습니다. 그래서 『단경』에는 의도적으로 북종을 의식하는 대목이 자주 보입니다. 이미 북종이 소멸의 과정에 들어 있었기 때문에 남종 문도들은 『단경』 속에서 북종의 종지와 신수의 선풍을 자기네 입맛대로 요리할수 있었습니다. 또한 혜능이 입적한 이후로 70여 년이 지난 시점이었기 때문에 혜능의 설법 역시 『단경』을 편찬하는 사람들의 안목이 어느 정도 가미된 상태로 기록되었습니다.

남종 문도들은 『단경』을 출현시킴으로써 비로소 남종이 정통이라는 사실을 세간에 떳떳하게 내세울 수 있었고, 『단경』에 기록된 남종의 종지를 기반으로 더욱 세력을 확장시킬 수 있었습니다. 이는 『단경』에 기록되어 있는 과거칠불의 명칭, 인도의 28대 조사의 명칭, 동토의 6대 조사의 명칭을 수록한 전등의식(傳燈意識)에 잘 드러나 있습니다.

그러한 결과로 『단경』의 내용은 어디까지가 혜능의 진짜 설법이고 어디까지가 후대에 가미된 설법인지 명확하게 분간하기 어렵게 되었습니다. 따라서 『단경』을 읽어가는 경우에는 이 점을 염두에 둘 필요가 있습니다. 하지만 이미 북종이 스러지고 남종 일색인 시대였던 만큼, 혜능의 설법이 어디까지가 진짜이고 날조인가 하는 점에 대하여 아무도 이의를 제기할 수 없었고, 그럴 필요도 없었습니다.

3

『육조단경』이
말하고자 하는 것은
무엇일까

혜능은 과연 일자무식인가

『단경』을 처음으로 접한 사람이라면 혜능에 대해 글을 읽고 쓸 줄 모르는 무식한 사람이라는 인상을 갖게 됩니다. 제자 법해가 기록한 것으로 『단경』의 부록에 해당하는 「육조대사연기외기(六祖大師緣起外記)」에 따르면 혜능의 성은 노(盧) 씨이고 아버지의 이름은 행도(行瑫)이며 어머니는 이(李) 씨입니다. 아버지는 620년 9월에 중앙의 변두리에서 벼슬을 지냈는데, 영남 신주 지방으로 좌천되었습니다. 그곳에서 혜능의 어머니는 회임한 지 6년 만인 638년에 혜능을 낳았습니다. 혜능이 6년 만에 태어났다는 것은 육조 대사로서 그의 미래를 암시하는 듯합니다. '혜능(慧能)'이라는 이름에서 '혜'는 불법의 지혜로써 중생을 제도한다는 뜻이고, '능'은 불사를 성취한다는 뜻입니다. 세 살 때 아버지를 여의고 홀어머니 밑에서 가난하게 자란 혜능은 24세가 되도록 글을 읽을 줄도 쓸 줄도 몰랐습니다. 하지만 『단경』에서 혜능을 시골 무지렁이로 기록한 것은 제자들이 스승에게 의도적으로 씌운 프레임이었습니다.

앞에서 우리는 혜능 계열의 남종과 신수 계열의 북종이 정통성을 놓고 서로 경쟁하고 있었다는 것, 처음에는 북종이 정통성을 인정받았으나 혜능의 제자인 신회의 활약으로 상황이 역전되어 남종이 정통성을 인정받게 되었다는 것, 그리고 남종의 정통성을 공고화하기 위한 노력의 일환으로 『단경』이 출현했다는 것을 살펴보았습니다. 『단경』에서 혜능이 일자무식으로 그려진 것 역시 이러한 정통성 다툼을 배경으로 합니다.

먼저 여기서는 남종의 정통성을 세우기 위해 신회가 기울였던 노력을 조금 더 살펴보겠습니다. 앞에서 본 바와 같이 중국 선종은 보리달마를 초조로 내세웁니다. 따라서 보리달마의 법맥을 계승한 종파만이 정통성을 인정받을 수 있었습니다. 신회는 달마의 선법을 계승한 것은 북종이 아니라 남종임을 주장하기 위해 『보리달마남종정시비론(菩提達摩南宗定是非論)』이라는 글을 지었습니다.

이 글에서 신회는 달마의 출신 지역을 남인도 향지국이라 하고, 달마는 향지국왕의 셋째 왕자인 보리다라(菩

提多羅)라고 합니다. 이후에 보리달마로 이름을 바꾸게 된 달마는 스승인 반야다라(般若多羅)의 유언을 받들어서 부처님의 정법안장을 중국에 전승하기 위하여 남인도의 바닷길을 출발하여 인도양과 태평양의 인도네시아를 거쳐 필리핀 주변의 남지나해를 통하여 오늘날 광동성 지역에 도착했다고 합니다. 당시 광동성 지역은 남북조시대의 양(梁)나라에 속했습니다. 그런데 마침 당시 양나라의 황제는 중국 역사에서 불교를 가장 애호한 군주로 꼽히는 무제(武帝)였지요. 무제는 자연스럽게 인도에서 온 달마를 만나게 되었습니다. 선종사에는 달마와 무제의 문답이 널리 회자되고 있습니다.

양나라 무제가 달마 조사에게 물었다.
"최고의 깨달음이란 무엇입니까?"
달마가 말했다.
"훤칠하게 드러나 있어서 최고의 깨달음이라고 말할 것도 없습니다."
무제가 미심쩍다는 듯이 물었다.
"그렇다면 지금 이 자리에 계시는 대사는 누구입니

까?"

달마가 말했다.

"저도 모르겠습니다."

무제는 몸소 불교 경전을 공부하고, 신하들에게 경전
을 강의했으며, 경전에 대한 주석서를 내기도 했습니다.
또한 무제는 불교 신앙을 몸소 실천하는 데에도 열성적
이었습니다. 그는 사찰을 짓고 경전을 유포시키며 스님을
양성하는 데 그치지 않고 황제의 몸으로 직접 사찰에 기
거하면서 스님의 생활을 체험하기도 하고 직접 사신공양
(捨身供養)을 하기도 했습니다. 또한 무제는 불교가 가르치
는 자비를 실천하기 위하여 많은 복지 정책을 펴기도 했
습니다. 그래서 백성들은 무제를 가리켜 '불심천자(佛心天
子)'라고 불렀습니다. 이런 무제였던 만큼 달마 대사를 불
러서 은근히 자신을 자랑하고 싶은 마음이 있었을 것입니
다.

그러나 달마가 생각하기에 무제의 그런 행위는 겉으
로 드러나는 복덕(福德)을 짓는 것일 뿐이지 곧장 깨달음
에 나아가는 방법은 아니었습니다. 왜냐하면 달마는 깨

달음으로 나아가는 공덕(功德)을 추구하는 대승의 선법을 전하고자 했기 때문입니다. 따라서 무제의 업적이 비록 많기는 했지만 그것은 달마의 의도와는 서로 맞지 않았습니다. 복덕과 공덕의 차이에 대해서는 조계 혜능도『단경』가운데서 자세하게 차별하여 설명했습니다.

　　달마와 무제의 일화에서 달마는 순수한 선법을 실천하는 인물로 등장하는 반면에 무제는 세간의 권력을 상징하는 인물로 등장합니다. 신회는 신수가 당나라 황실에서 국사를 지냄으로써 세속의 권력을 가까이한 인물이기 때문에 순수한 선법을 실천하고자 했던 달마와는 다르다고 주장했습니다. 반면 자신의 스승인 혜능은 황제의 부름을 세 번이나 받고도 나아가지 않았던 점에서 권력을 멀리하고 무제로부터 추방을 당했던 달마와 부합한다고 주장했습니다. 이런 식으로 신수는 달마의 선법을 충실하게 계승한 인물은 권력지향적인 신수가 아니라 순수한 선법을 펼치고자 했던 혜능이라는 점을 강조하고자 했습니다.

　　또한 신회는 혜능이 부처님의 정법안장을 전승했다는 물증으로 부처님의 금란가사와 발우[衣鉢]를 충분히 활용했습니다.『단경』에 보이듯이 혜능의 스승인 홍인은 혜능에게 정법안장을 부촉하면서 의발을 전했습니다. 신회는 혜능이 세 차례에 걸친 황제의 부름에도 나아가지 못했을 때 자신이 물려받아 지니고 있던 의발을 사신을 통하여 황제에게 보냈다고 주장했습니다. "가사는 분쟁의 씨앗이므로 그대를 끝으로 더 이상 전승하지 말라. 만약 이 가사를 전승하면 목숨이 실낱처럼 위태롭다"라고 스승 홍인이 당부했던 만큼, 혜능은 자신이 의발을 지니고 있는 것보다 차라리 황제한테 보내는 것이 옳다고 생각했다는 것이지요.

신회의 이러한 노력, 그리고 안사의 난을 계기로 얻게 된 황제의 신임에 힘입어 8세기 중반부터는 혜능의 남종이 정통이라는 인식이 퍼져나갔습니다. 이렇게 얻게 된 정통성을 더욱 확고히 하기 위해 혜능의 문도들은 스승의 법어집인『단경』을 만들게 됩니다. 이 과정에서 혜능의 문도들은 일자무식 혜능의 이미지를 충분히 활용합니다.

그런데 여기서 의문이 하나 생깁니다. 혜능의 문도들은 왜 혜능을 일자무식으로 그리고 싶었던 것일까요?

앞에서 살펴봤던 바와 같이 홍인은 상수제자였던 신수가 아니라 행자 신분에 불과했던 혜능에게 자신의 법을 물려줍니다. 객관적으로 볼 때 혜능은 신수의 상대가 되지 못했습니다. 신수는 혜능보다 나이도 훨씬 많았고 6척 장신의 외모에 뛰어난 교학 실력으로 대중에게 인정받는 인물이었습니다. 이런 신수에 비해 혜능은 나이도 어렸고 5척 단신의 외모에 대중으로부터 인정은 고사하고 수행 경력 자체가 없던 행자에 불과했습니다. 신수와 혜능의 이러한 상반되는 면모를 보면 홍인의 후계자로서 제6대 조사가 되어야 할 인물은 누가 보더라도 신수였습니다.

혜능의 제자들은 이러한 격차에도 불구하고 혜능이 신수를 대신하여 제6대 조사가 되어야 할 당위성을 혜능이 성취한 깨달음과 그에 대한 홍인의 증명과 인가에서 찾았습니다. 『단경』에 따르면 혜능은 홍인의 『금강경』 강의를 듣다가 '응무소주이생기심'이라는 대목에 이르러 깨달음을 성취하고 그 자리에서 스승인 홍인으로부터 깨달음에 대한 증명과 인가를 동시에 받음으로써 정법안장을 전승할 자격을 갖추게 됩니다. 하지만 신수는 홍인의 상수제자이긴 했지만 깨달음을 성취하지 못한 까닭에 스승으로부터 깨달음에 대한 증명과 인가를 받지 못하고 따라서 정법안장을 전승할 자격도 갖추지 못합니다. 혜능이 제6대 조사가 되어야 할 당위성은 이렇게 해서 성립됩니다.

선종에서는 깨달음을 성취하고 선지식으로부터 그 깨달음에 대한 증명과 인가를 받은 이라면 남녀, 노소, 출신 지역, 신분의 고하에 상관없이 누구라도 정법안장을 전승할 수 있다고 봅니다. 반면 깨달음을 성취하지 못하고 증명과 인가를 받지 못한 이라면 제아무리 뛰어난 조건을 갖춘 이라도 결코 정법안장을 전승할 수 없다고 봅니다.『단경』을 편찬한 혜능의 문도들은 이 점을 강조하기 위하여 스승 혜능의 여러 가지 조건을 최대한 미약하게 묘사했던 것입니다. 혜능이 일자무식으로 그려진 것 역시 이러한 의도 때문이었습니다.

일자무식의 혜능은 무진장 비구니와 만남에 대한 이야기에서 잘 그려집니다. 발심하여 홍인 조사를 찾아가던 혜능은 도중에 유학자인 유지략(劉志略)의 집에 머물렀습니다. 그런데 유지략의 고모인 무진장 비구니가 마침 그곳에 있었습니다. 무진장 비구니는 항상『대열반경』을 독송했는데, 혜능은 그 독송 소리를 잠깐 듣고서는 바로 그 뜻을 알아차리고 해설까지 해주었습니다. 이에 무진장 비구니는 경전을 짚으면서 글자를 물었습니다. 그러나 혜능은 이렇게 말했습니다.

"나는 글자는 모릅니다. 그러니 뜻에 대해서 물어보십시오."

비구니가 물었습니다.

"글자도 모른다면서 어찌 뜻인들 알겠습니까?"

혜능이 답했습니다.

"제불의 오묘한 도리는 문자와 관계가 없습니다."

이에 비구니가 경이롭게 생각했습니다. 『단경』의 편찬자들은 스승인 혜능을 이와 같이 글을 모르지만 경전의 뜻은 잘 이해하는 인물로 그려냈습니다.

그러면 과연 혜능은 실제로 일자무식이었을까요? 그렇지 않습니다. 혜능은 불교 경전에 대하여 충분한 지식과 이해를 지니고 있었습니다. 그래서 혜능은 『단경』에서 『유마경』, 『보살계경』, 『열반경』, 『능가경』, 『법화경』, 『금강경』 등 여러 경전을 자유롭게 인용하고 있습니다. 또 스스로 여러 개의 게송을 지어 제자들에게 일러주는가 하면, 제자들의 질문에 대해 경전의 구체적인 대목을 짚어가면서 대답하고, 또한 제자가 잘못 이해하고 있는 대목의 뜻을 올바르게 일깨워주기도 합니다.

　혜능은 깨달음의 지혜에 속하는 종통(宗通)뿐만 아니라 대중을 위하여 언설을 통하여 설법하는 설통(說通)까지 갖춘 인물이었습니다. 경전에 해박했음에도 불구하고 거기에 얽매이지 않고 상대방의 근기에 따라 적절하게 설법한 것이야말로 혜능이 갖추고 있던 선적인 안목이었습니다.

내 마음과 부처의 마음은 다르지 않다

『단경』에서 처음부터 끝까지 일관되는 하나의 주제가 있다고 한다면 그것은 자성(自性)이라고 할 수 있습니다. 혜능의 설법은 언제나 누구에게나 자성으로 통해 있으니까요. 자성은 제법의 법성(法性) 및 모든 중생의 불성(佛性)과 마찬가지로 본래심성을 표현하는 용어입니다. 혜능의 설법에서 일체의 성품은 본래부터 누구에게나 평등하게 갖추어져 있는 것으로 전제됩니다. 그래서 혜능의 법문을 자성법문이라고도 말합니다.

이것은 중국 선종의 초조인 보리달마로부터 그 연원을 찾아볼 수 있습니다. 달마의 설법 가운데 '이입사행(二入四行)'이라는 법어가 있습니다. '이입(二入)'은 이입(理入)과 행입(行入)을 아울러 일컫는 말입니다. 그 가운데 이입(理入)에 대하여 달마는 다음과 같이 말합니다.

"이입이란 소위 불법의 가르침에 의해 불교의 근본

적인 취지를 깨닫는 것이다. 중생이 성인과 동일한 진성(眞性)을 지니고 있음을 심신(深信)하는 것이다."

여기서 이입(理入)은 깨달음에 들어가는 이론, 혹은 수행의 과정이 아닙니다. 이것은 불교의 근본적인 취지를 깨닫는다는 것으로, 중생이 본래부터 부처님과 동일한 진성을 지니고 있음을 깊이 믿는 것[深信]을 말합니다. 이러한 이입을 본래성불(本來成佛)이라고도 하는데, 이것은 모든 중생이 태어나면서부터 이미 성불해 있다는 뜻입니다. 본래성불 사상은 『열반경』에서 제시된 일체중생실유불성(一切衆生悉有佛性)이라는 가르침과 연결됩니다. 일체중생실유불성은 세 가지 의미, 즉 부처님의 깨달음이 일체의 중생에게 작용하고 있기 때문에 여래의 법신이 우주법계에 편만하다는 의미, 본성에 번뇌가 없는 진여가 모든 사람에게 불이평등(不二平等)하여 차별이 없다는 의미, 그리고 불성이 일체중생에게 여래의 종성으로 이미 존재하고 있다는 의미로 정의됩니다. 따라서 달마에게 수행은 뭔가를 새롭게 성취함으로써 성불하려는 노력이 아니라 이미 성불해 있음을 깊이 믿고 자각하는 것이었습니다.

달마의 이러한 생각은 그로부터 비롯된 중국 조사선의 사상적 기반이 되었습니다. 혜능 역시 달마의 본래성불 사상에 철저하게 근거했습니다. 『단경』의 첫머리에는 다음과 같은 말이 선언적으로 나옵니다.

"선지식들이여, 보리의 자성은 본래 청정하다. 그러므로 무릇 그 청정한 마음을 활용한다면 곧바로 성불할 수 있다."

여기서 '보리의 자성'이라는 말은 깨달음의 본성을, '청정하다'는 말은 완성을 의미합니다. 따라서 '보리의 자성이 본래 청정하다'는 말은 결국 깨달음의 성품이 본래부터 모든 사람에게 이미 완성되어 있다는 뜻이 됩니다. 이 말은 점진적인 수행을 통해 깨달음에 도달한다고 봤던 북종의 견해와는 뚜렷이 구별되는 대단히 혁명적인 발언이었습니다. 또한 이 말은 인간의 본래적인 자성에 대한 크나큰 긍정이기도 했습니다. 혜능의 남종이 사람들로부터 환영을 받을 수 있었고 또 그들 사이에 쉽게 뿌리를 내릴 수 있었던 것은 이러한 교의에 힘입은 바가 큽니다.

혜능의 문도들은 혜능이 주창한 자성불(自性佛), 곧 본래성불의 개념을 돈오견성(頓悟見性) 내지 돈교법문(頓教法門)이라고 불렀습니다. 실제로 혜능 역시 자신의 가르침을 돈교법문이라는 용어로 정의했습니다. 혜능은 『단경』의 「반야품」에서 다음과 같이 말합니다.

"선지식들이여, 후대에 내 법을 터득하는 자는 이 돈교법문을 가지고 돈교법문 그대로 보고 돈교법문 그대로 닦아야 한다. 그리고 발원하고 수지해서 종신토록 부처님을 섬기듯이 하여 물러나지 않으면 반드시 부처님 지위에 들어간다. 그리하여 모름지기 종상이래로 이심전심으로 전승된 분부(分付)를 전수하여 그 정법이 사라지지 않도록 해야 한다. 만약 돈교법문을 그대로 보고 그대로 닦지 않고 대신 개별적인 법문에 머물러서 분부를 전수하지 못한다면 저 종전의 사람들을 훼손시키는 것으로 구경에 아무런 이익도 없다. 그래서 어리석은 사람이 이 돈교법문을 이해하지 못하고 비방하여 백겁천생토록 부처님의 종성이 단절될까 염려된다."

혜능은 여기에서 자신이 보여준 돈교법문에 의지해야 하고, 자신이 가르쳐준 돈교법문을 이해해야 하며, 자신이 일깨워준 돈교법문을 실천해야 한다고 말합니다. 이와 같은 돈교법문은 처음부터 끝까지 『단경』을 일관하는 대의입니다. 그런데 그 돈교법문이란 다름이 아니라 우리의 마음에 해당하는 자성 바로 그것입니다.

혜능은 다양한 분야에서 자성법문을 펼칩니다. 가령 『단경』 「참회품」을 보면, 오분법신향(五分法身香)에 대한 설명이 나옵니다. 오분법신향 가운데 계향(戒香)은 자기의 마음에 잘못이 없고 악이 없으며 질투가 없고 탐욕과 성냄이 없으며 해꼬지가 없는 것입니다. 정향(定香)은 자기의 마음에 모든 선과 악의 경계를 보고도 혼란하지 않는 것입니다. 혜향(慧香)은 자기의 마음에 걸림이 없어 항상 지혜로써 자성을 관조하여 모든 악행을 하지 않고, 비록 일체의 선행을 닦더라도 마음에 집착이 없어 윗사람을 공경하고 아랫사람을 보살펴주며 외롭고 궁핍한 사람을 불쌍하게 여기는 것입니다. 해탈향(解脫香)은 자기의 마음에 반연하는 바가 없어서 선을 생각하지 않고 악을 생각하지 않아 자재하고 걸림이 없는 것입니다. 해탈지견향(解

脫知見香)은 자기의 마음에 이미 선과 악을 반연하는 바가 없고, 무기공(無記空)에 빠지거나 적정을 고수하는 일이 없으며, 자기의 본심을 터득하여 제불의 도리에 통달하고, 자비로써 중생을 제도하되 아상이 없고 인상이 없어서 곧바로 보리에 이르되 진성은 그대로 바뀌지 않는 것입니다.

이처럼 오분향의 경우에도 모두 자기 마음의 계향이고 정향이며 혜향이고 해탈향이며 해탈지견향으로 설명합니다. 나아가서 사홍서원에 대해서도 마찬가지입니다.

자심의 중생이 끝없이 많아도 맹세코 제도할 것을 서원합니다.
자심의 번뇌가 끝없이 깊어도 맹세코 단제할 것을 서원합니다.
자성의 법문이 다함이 없어도 맹세코 학습할 것을 서원합니다.
자성의 불도가 아무리 높아도 맹세코 성취할 것을 서원합니다.

더욱이 삼귀의계의 경우에도 마찬가지로 자성의 부처와 자성의 교법과 자성의 승단이라는 의미로 설법하고 있습니다.

지혜(智慧)와 복덕(福德)을 갖춘 거룩한 부처님께 귀의합니다.
욕구(欲垢)와 망염(妄染)을 벗어난 올바른 교법에 귀의합니다.
무위(無爲)와 화합(和合)을 지향한 청정한 승단에 귀의합니다.

여기에서 자심의 부처님에 귀의한다는 것은 삿된 마음과 미혹한 마음이 발생하지 않고, 욕심을 줄이고 만족을 알며, 재물과 색을 벗어나는 것입니다. 자심의 교법에 귀의한다는 것은 항상 사견이 없고, 사견이 없으므로 곧 인상과 아상의 아만심 및 탐애와 집착이 없는 것입니다. 자심의 승단에 귀의한다는 것은 일체의 번뇌와 애욕의 경계에 대하여 자성이 전혀 물들지 않는 것입니다.

그리고 삼신불에 대해서도 또한 마찬가지입니다.

자기의 색신에 있는 청정법신 비로자나불에게 귀의
합니다.
자기의 색신에 있는 천백억화신 석가모니불께 귀의
합니다.
자기의 색신에 있는 원만보신 노사나불께 귀의합니
다.

기타 혜능은 당시에 크게 유행하고 있었던 정토의 신
행과 사상에 대해서도 유심정토(唯心淨土)이고 자성미타
(自性彌陀)라고 말합니다. 이 말은 자기의 마음이 그대로
정토이고, 자기의 마음이 그대로 아미타불이라는 것입니
다. 그러므로 자기의 마음을 올바르게 지니고, 그것이 바
로 깨달음의 도량임을 의심하지 말며, 반드시 자기에게서
실현할 것을 강조합니다.

좌선의 경우에도 밖으로 일체의 선과 악의 경계에 대
하여 마음에 망념이 일어나지 않는 것을 좌(坐)라고 말하
고, 안으로 자성을 깨쳐 부동의 경지가 되는 것을 선(禪)이
라고 말합니다. 또한 선정의 경우에도 밖으로는 형상을
초월하는 것이 선(禪)이고, 안으로는 산란하지 않는 것이

정(定)입니다. 그래서 만약 밖으로 형상에 집착하면 안으로 마음이 곧 산란해지고, 만약 밖으로 형상을 초월하면 마음이 곧 산란하지 않게 됩니다. 그래야만 비로소 본래의 자성이 저절로 청정해지고 저절로 안정됩니다.

그리고 이에 밖으로 형상을 초월하는 것이 곧 선(禪)이고 안으로 산란하지 않는 것이 곧 정(定)이므로, 밖으로 선이 되고 안으로 정이 되면 그것을 곧 선정이라 말합니다. 일반적으로 경계가 있음을 보고 그 경계에 대하여 사려분별하기 때문에 곧 산란해지지만, 만약 모든 경계를 보고도 마음이 산란하지 않는다면 그것이야말로 곧 진정한 안정이라고 말합니다. 나아가서 혜능은 『보살계경』을 인용하여 우리의 본성은 원래부터 청정하다는 것을 강조합니다. 이처럼 혜능은 모든 법문을 자성으로 회통하는데, 그것은 올바른 깨달음이란 마음을 깨닫는 것이고, 올바른 행위란 마음을 바르게 다스리는 것이며, 올바른 실천이란 마음에 일어난 그대로 실천하는 것임을 말합니다. 이것이 바로 혜능의 법문이 자성법문이라고 불리는 까닭입니다.

전법의 일환으로 신통력을 보이다

사람들은 신통력(神通力)을 일상에서 쉽게 볼 수 없는 현
상으로 뭔가 거대한 초자연적인 힘을 보여주는 것으로 생
각하곤 합니다. 이런 것은 신통력이라기보다는 기적(奇跡)
혹은 이적(異跡)이라고 해야 할 것 같습니다. 불교에서 말
하는 신통력은 수행의 결과로 획득한 능력을 말합니다.
그것은 어디까지나 깨달음을 향해 나아가는 과정이라고
할 수 있습니다. 불교에서는 시공간적으로 미래와 먼 곳
을 내다보는 천안통(天眼通), 과거 전생을 생생하게 기억
해내는 숙명통(宿命通), 일상의 공간을 극복하여 몸으로
자유롭게 오고 가는 신족통(神足通), 상대방의 마음의 흐
름을 알아채는 타심통(他心通), 가장 큰 소리와 가장 작은
소리를 비롯하여 세간의 온갖 소리를 들을 수 있는 천이
통(天耳通), 중생이 지니고 있는 모든 번뇌를 벗어나는 누
진통(漏盡通)의 여섯 가지를 제시합니다. 이 가운데 특별
히 천안통과 숙명통과 누진통을 세 가지 뛰어난 능력이라

는 뜻에서 삼명통(三明通)이라고도 부릅니다.

이러한 신통력은 수행의 결과로 나타나는 것입니다. 그렇다고 해서 신통력이 수행으로 도달하는 궁극의 경지인 것은 아닙니다. 오히려 불교에서 신통력은 경계해야 하고 주의해야 할 것입니다. 하지만 사람들은 상식을 초월하는 기이한 능력을 신통력으로 간주하여 그러한 능력의 소유자를 숭배하기도 합니다. 이러한 이유로 숭배되는 가장 보편적인 인물이 빈두로존자(賓頭盧尊者)입니다. 우리나라에서는 독성각에서 모시는 나반존자(那畔尊者)가 빈두로존자를 대신하곤 합니다.

『단경』에는 혜능의 뛰어난 법력 혹은 신통력을 보여주는 대목이 여러 군데 있습니다. 혜능은 상대방을 교화할 때, 어려움을 극복할 때, 그리고 후세의 제자들을 위하여 필요할 때 여러 가지 신이한 면모를 드러내보입니다. 『단경』의 편찬자들은 이러한 대목을 통해 혜능이 지혜와 담력, 그리고 자비와 교화의 법력을 갖추고 있었음을 은근히 내세우고자 했습니다.

그러한 대목은 우선 제1「행유품」에 나옵니다. 여기에는 혜능이 홍인으로부터 부처님의 가사를 물려받는 이야기가 있습니다. 하지만 이런 일은 누구도 생각하지 못했던 극적인 사건이었지요. 그래서 홍인의 많은 제자들은 혜능이 홍인의 가사를 훔쳐간 것으로 알고 사방으로 흩어져서 혜능을 추격했습니다.

가사를 지니고 도망가던 혜능은 대유령(大庾嶺)에 이르러 추격자들과 마주치게 됩니다. 뒤따르던 사람들 가운데 혜명(慧明)이 대중 가운데 맨 앞에서 혜능을 따라잡았지요. 혜능은 의발을 바위에 내려놓고 말했습니다.

"이 의발은 믿음의 징표다. 어찌 힘으로 다투겠는가."

그리고 혜능은 풀 더미 속에 숨었습니다. 이에 혜명이 의발을 집어 들려고 했으나 의발은 꼼짝도 하지 않았습니다. 혜명이 혜능을 불러 말했습니다.

"행자여, 혜능 행자여, 나는 법 때문에 온 것이지 의발 때문에 온 것이 아니다."

마침내 혜능이 몸을 나타내어 반석 위에 앉자, 혜명이 예배를 하고 말했습니다.

"행자여, 바라건대 나에게 설법을 해주시오."

혜능이 말했습니다.

"그대는 이미 법 때문에 왔다. 그러므로 모든 반연을

그쳐서 찰나도 반연을 일으키지 말라. 내 그대에게 설법을 해주겠다. 선도 생각하지 말고, 악도 생각하지 말라. 바로 그러한 경지에서 혜명 상좌의 본래면목은 무엇인가.”

혜명은 이 말을 듣고 그 자리에서 크게 깨달았습니다.

여기서 ‘선도 생각하지 말고, 악도 생각하지 말라’는 혜능의 말은 무슨 뜻일까요? 불법을 위해서 뒤따라온 것이 선(善)이라면 의발을 위해서 뒤따라온 것은 악(惡)에 해당합니다. 그러나 선과 악은 말 그대로 도덕적인 선과 악만 의미하는 것이 아니라, 미추(美醜), 호오(好惡), 부모(父母), 남녀(男女), 주야(晝夜) 등 상대적인 분별 일반을 가리킵니다. 여기서 혜능이 받은 가사가 바위에 딱 붙어서 움직이지 않았다는 것이 바로 혜능의 신통력입니다. 이것은 가사 자체의 법력과 혜능의 법력이 어우러진 현상이라고 할 수 있을 것입니다. 혜능은 이미 가사를 받은 이상 목숨을 바쳐서라도 정법안장의 상징물인 가사를 수호해야 할 책임이 있었습니다.

『단경』의 제7 「기연품」에도 혜능의 신통력을 보여주는 대목이 있습니다. 어느 날 혜능은 전수받은 가사를 세

탁하려고 했습니다. 하지만 깨끗한 물이 없었기 때문에 사찰 뒤편 5리 쯤 떨어진 곳으로 갔습니다. 그곳에는 산림이 울창했고 상서로운 기운이 가득 서려 있었습니다. 혜능이 석장을 흔들고 땅을 내리치자 샘물이 손에 닿을 정도의 높이까지 솟구쳤는데, 그 물이 고여서 연못이 되었습니다. 이에 혜능은 무릎을 꿇고 앉아 바위에 대고 가사를 세탁했습니다. 그런데 홀연히 어떤 스님이 다가와서 예배를 올리고 말했습니다.

"제 이름은 방변(方辯)인데 서촉(西蜀) 출신입니다. 어제 남천축국에서 달마 대사를 친견했는데 저한테 속히 당나라로 가라고 하면서 '내가 전수받은 마하가섭의 정법안장 및 금란가사를 살펴보니 여섯 번째로 소주의 조계에 전승되었다. 그러니 그대는 그리로 가서 예배하거라'라고 부촉하셨습니다. 이에 저 방변이 멀리서 찾아왔습니다. 바라건대 조사께서 전하신 의발을 저에게 보여주십시오."

이에 혜능이 의발을 보여주고 말했습니다.

"그대는 어떤 수행을 했는가."

방변이 말했습니다.

"흙으로 상(像)을 만들곤 했습니다."

이에 혜능이 말했습니다.

"그렇다면 그대가 나의 소상(塑像)을 한번 만들어 보게."

방변은 며칠이 지나서 육조의 진상(眞相)을 완성했는데, 그 높이는 7촌 가량이고 아주 정교했습니다. 그 모습을 보고 혜능이 웃으면서 말했습니다.

"그대는 단지 소상의 성질만 알았지 아직 부처의 성품은 모르는구나."

이에 혜능이 방변에게 가사를 주었습니다. 방변은 가사를 삼등분한 후, 일분은 소상에게 입혔고, 일분은 자신을 위해 남겨두었으며, 나머지 일분은 땅에 묻고는 다음과 같이 서원했습니다.

"이후에 이 가사를 얻어서 내가 주지로 출세하리라."

그리고는 그 자리에 다시 사찰을 건립했습니다.

이후 혜능이 입적한 후 350년에 해당하는 북송의 인종 8년(1063)에 유선(惟先)이라는 승려가 사찰을 중수하면서 땅을 팠을 때 가사를 발굴했는데, 새 옷 그대로의 모습으로 나왔습니다. 그리고 육조의 소상은 옛적의 보림사였던 고천사(高泉寺)에 모셨는데, 기도를 하면 반드시 감응

했습니다.

여기서는 혜능이 방변에게 가사를 주었다고 되어 있지만, 일찍이 혜능이 황제의 부름을 거절하면서 사신을 통해 가사를 황제에게 바쳤다는 기록도 아울러 있습니다. 이처럼 혜능이 부처님의 가사를 황제에게도 바쳤고, 방변에게도 주었다고 되어 있는 것은 무슨 까닭일까요. 물론 이것은 『단경』을 기록한 사람에 따라서 다르게 기록한 결과일 수도 있습니다. 하지만 아마도 이는 혜능이 전승한 가사가 후대에 이르도록 영험을 지니고 있었음을 강조함으로써 혜능의 법력이 먼 후대까지 미치고 있음을 보여주고자 했던 것이 아닐까 합니다.

그런데 혜능이 전승했다는 가사가 어쩐 일인지 현재 우리나라에도 전해오고 있습니다. 통도사에는 한때 설법전의 왼편에 부처님의 금란가사를 모셔두고, 그 오른편에는 자장율사의 가사를 모셔두었다가 지금은 박물관으로 옮겨 보관하고 있습니다. 이것은 가사가 선종사에서 불법의 정통성을 입증하는 표징으로서 우리나라에 전승되었음을 보여줍니다. 부처님의 가사가 어떻게, 누구에게, 언제 전승되었는가 하는 점은 따질 필요가 없습니다. 불법의 영원성을 간직한 채 우리나라에 불교가 살아 있는 한 가사도 존속할 것이기 때문입니다.

이와 같은 불법의 정통성과 영원성은 쌍계사의 육조정상탑(六祖頂相塔)과도 관련이 있습니다. 『단경』 제10 「부촉품」에는 이런 이야기가 나옵니다. 혜능의 입적이 다가온 어느 날, 대중이 혜능에게 물었습니다.

"그렇다면 후에 어떤 법난(法難)이 일어난다는 것 아니겠습니까?"

그러자 혜능이 말했습니다.

"내가 입멸한 후 오륙년 무렵에 반드시 어떤 사람이 와서 내 머리를 훔쳐갈 것이다."

여기에서 오륙년(五六年)은 경우에 따라서 5와 6을 합산한 수를 뜻하여 11년으로 계산하기도 하고, 5년 혹은 6년으로 해석하기도 하며, 서로 곱하여 30년으로 해석하기도 하고, 5와 6을 붙여서 56년으로 해석하기도 합니다.

혜능이 또 말했습니다.

"내가 떠난 지 70년 후에 어떤 두 보살이 동방에서 찾아올 것이다. 한 사람은 출가인이고 또 한 사람은 재가인이다. 그 두 사람이 함께 교화를 일으키는데, 혜능의 종지를 건립하고 가람을 구축하며 법손이 창성할 것이다."

　혜능이 입멸한 후 70년은 대략 781년입니다. 이 해는 혜능의 일대기를 기록한 『조계대사별전』이 출현한 해이기도 합니다. 마침 『조계대사별전』에는 입멸한 지 70년 후의 예언에 대한 자세한 기록이 수록되어 있습니다. '동방에서 온 두 보살'로는 마조 도일(馬祖道一)과 방거사(龐居士), 혹은 황벽 희운(黃蘗希運)과 배휴 거사(裴休居士), 혹은 신라에서 입당하여 구법 활동을 했던 품일(品日)과 무염국사(無染國師)가 거론됩니다.

　그런데 혜능의 말처럼 과연 육조정상(六祖頂相)의 난(難)이 발생했습니다. 조사의 입탑 이후 개원 10년(722) 8월 3일 밤에 홀연히 탑에서 쇠고랑이 풀리는 소리가 났습니다. 깜짝 놀라 일어난 대중들은 어떤 사람이 탑에서 뛰쳐나와 도망치는 것을 보았습니다. 그런데 조사의 목 부분에 상처가 나 있었습니다. 상황을 파악한 대중들은 관아에 이 사건을 알렸습니다. 마침내 8월 5일, 체포된 도적은 소주로 압송되어 국문을 받았습니다. 도적이 말했습니다.

　"저의 성은 장(張)이고 이름은 정만(淨滿)인데 여주 양현 사람입니다. 홍주 개원사 신라 승려 김대비(金大悲)가 돈 이만 냥을 주면서 육조 대사의 정상(頂相)을 훔쳐달라고 했습니다. 그는 해동으로 정상을 가지고 돌아가 공양하겠다고 했습니다."

이로써 신라에서 육조의 정상을 훔쳐가려는 시도는 물거품이 되었습니다. 이것은 중국『단경』의 기록인데, 우리나라의 기록에는 김대비 스님과 삼법 화상이 함께 힘을 합쳐 육조의 정상을 해동으로 가져오는 데 성공했다고 합니다. 그 결과 오늘날 하동 쌍계사에 육조정상탑을 건립하고 육조의 정상을 모셔두게 되었다는 것입니다.

혜능은 자신이 입적한 이후에 수급이 잘릴 것을 예언했고, 그러한 일이 동방에서 온 사람에 의해 일어날 것이라는 점을 제자들에게 일러두었습니다. 혜능의 이 말에 근거하여 혜능과 관련된 중국 선종의 정통성이 우리나라로 전승되었다는 이야기가 각색되었습니다. 이는 한국불교, 나아가 한국 선종사에 정당성을 부여하기 위한 것이었습니다.

다시『단경』의 제1「행유품」으로 돌아가보겠습니다. 혜능은 홍인으로부터 가사를 받은 후에 자기의 신분을 감추고 산속에서 사냥꾼 무리와 함께 살았습니다. 혜능은 식사 때가 되면 채소를 고기 굽는 솥에다 넣어 익혀 먹었습니다. 이 모습을 본 사냥꾼들이 그 까닭을 물으면 혜능은 단지 고기 주변의 채소[肉邊菜]만 먹는다고 답변했습니다. 그때 혜능이 먹은 육변채는 오늘날 우리가 즐겨 먹는 샤브샤브 요리와 비슷한 것이라고 생각하면 됩니다. 혜능은 육식을 하는 사냥꾼들과 함께 살아가면서도 정법안장을 세상에 전해야 한다는 임무를 잊지 않고 그것을 보림(保任)하는 시기로 간주하면서 시절인연을 기다리고 있었습니다. 보림이란 깨달음을 얻은 이후에도 지속적으로 그 깨달음에 걸맞는 행위와 말과 생각을 다듬으며 정진하는 행위를 말합니다.

혜능은 살생을 업으로 삼고 살아가는 사냥꾼들에게 때때로 설법을 하는가 하면, 사냥꾼들에게 붙잡혀온 동물 가운데 아직 살아 있는 것은 남몰래 풀어주기도 하는 등 보살행을 실천했습니다. 한번은 산속에 숨어 살고 있는 사실이 들통나는 바람에 홍인의 제자들이 산에 불을 질러 온 산이 불길에 휩싸인 적도 있었습니다. 그때 혜능은 바위 위에 앉아 좌선삼매에 들어서 간신히 불길로부터 벗어날 수 있었는데, 이 일화로 인해 그 바위는 피난석(避難石)이라고 불렸습니다. 그 당시에 혜능이 앉았던 바위에는 지금도 좌선한 흔적이 남아 있다고 합니다.

혜능의 신통한 법력은 「육조대사연기외기」에도 그려져 있습니다. 혜능이 주석하고 있던 사찰의 대웅전 앞에 연못이 하나 있었습니다. 그곳에서 항상 용이 출몰하여 주변의 나무를 훼손했습니다. 어느 날 용이 큰 몸을 드러내자 물결이 높이 일고 운무가 자욱하여 대중들이 모두 두려워했습니다. 이에 혜능이 용을 꾸짖어 말했습니다.

"그대는 큰 몸으로만 나타날 줄 알고 작은 몸으로는 나타나지 못하는구나. 만약 신령스러운 용이라면 반드시 작은 몸을 변화시켜 큰 몸으로 나타낼 줄도 알 것이고 큰 몸을 변화시켜 작은 몸으로 나타낼 줄도 알 것이다."

그러자 그 용이 홀연히 사라지더니 순식간에 작은 몸으로 변화하여 연못 위에 떠올랐습니다. 이에 혜능이 발우를 펼치고 용에게 말했습니다.

"제아무리 그렇다 하더라도 그대는 감히 노승의 발우 속에는 들어가지 못할 것이다."

이 말을 들은 용이 헤엄을 쳐서 혜능에게 다가왔습니

다. 그러자 혜능은 발우로 용을 떠 담은 후 뚜껑을 덮어서 용이 빠져나가지 못하게 했습니다. 혜능이 그 발우를 법당에 올려놓고 발우 속의 용에게 설법을 하자, 마침내 용은 뼈를 허물 벗고 죽었습니다. 허물 벗어놓은 뼈의 길이는 7촌으로, 머리와 꼬리와 뿔과 다리가 온전하게 사찰에 전해져 내려왔습니다. 대사는 이후에 흙과 돌로 그 연못을 메웠습니다.

이 이야기는 혜능이 신통력을 발휘하여 사찰이 입지한 지세의 조건을 극복했음을 보여줍니다. 용은 동서고금을 막론하고 대중들에게 영험한 동물로 간주되어 왔습니다. 이런 용을 다스릴 수 있는 것은 오직 뛰어난 법력의 소유자뿐이고, 그러한 법력을 갖지 못한 이가 용을 다스리려고 하다가는 오히려 큰 변을 당한다는 것이 예부터 전해오는 속설입니다. 혜능은 어려움에 처한 대중을 안심시키고 불법을 영원히 전승시키는 방법으로서 자신의 신통력을 사용했습니다.

또한 『단경』 제8 「돈점품」에는 남종과 북종 사이에 정통성 다툼이 치열하던 시기를 배경으로 혜능이 자비와 법력을 보여주었던 일화가 기록되어 있습니다. 남과 북으로 교화가 나뉘면서부터 두 종파의 종조는 특별히 대립하는 마음을 일으키지 않았지만 그 문도들은 다투어 대립하는 마음을 일으켰습니다. 신수를 제6대 조사로 간주했던 북종 문도들은 혜능이 전의부법(傳衣付法)한 사실이 천하에 알려지는 것을 싫어한 나머지 행창(行昌)을 불러서 혜능을 시해하라고 시켰습니다. 행창은 강서 출신으로 본성은 장(張) 씨였는데 어려서부터 협객으로 살아온 인물이었습니다. 혜능은 타심통으로 그 사실을 미리 알아차리고 돈 10냥을 방 안에 준비해두었습니다.

이윽고 밤이 되자 행창이 조실로 들어와서 혜능을 시해하려고 했습니다. 이에 혜능은 목을 대주면서 베어가라고 했습니다. 행창은 세 차례나 칼을 휘둘렀지만 혜능에게 상처를 입히지 못했습니다. 혜능이 말했습니다.

"정의로운 칼은 삿되지 않고 삿된 칼은 정의롭지 못하다. 다만 그대한테 돈을 빚졌을 뿐이지 그대한테 목숨까지 빚진 적은 없다."

행창은 까무러치게 놀라 쓰러졌다가 한참 후에 깨어났습니다. 그리고는 잘못을 뉘우치고 용서를 빌면서 자신을 출가시켜달라고 애원했습니다. 이에 혜능은 돈을 주고 말했습니다.

"그대는 잠시 돌아가 있도록 하라. 곧 제자들이 몰려와서 도리어 그대를 해칠 것이다. 그대는 훗날 모습을 바꾸어 찾아오도록 하라. 그때 내가 그대를 받아주겠다."

행창은 혜능의 뜻을 받들어 어둠 속으로 사라졌습니다. 후에 다시 돌아온 행창은 지철(志徹)이라는 법명을 받고 출가하여 정진 수행했습니다.

여기서 혜능은 미리 천안통으로 자객이 찾아올 것을 알아차렸고, 또한 그 자객을 세도해주려고 돈을 마련해 두었습니다. 혜능은 자객이 왔을 때 아무런 피해도 입지 않았고, 오히려 훗날 그 자객을 제자로 거두는 넓은 자비를 보여주었습니다. 이 일화로 인해 남종 조사로서 혜능의 위신이 더욱 추켜세워졌음은 말할 것도 없습니다.

불립문자와 언어설법의 조화

중국 선종은 선의 근본적인 종지를 표현하는 말로 불립문자(不立文字) 교외별전(敎外別傳) 직지인심(直指人心) 견성성불(見性成佛)이라는 문구를 내세웁니다. 선의 본질은 언설을 통해서는 제대로 접근할 수 없다는 의미이지요. 그러나 다른 한편으로 이 문구들은 선의 정수(精髓)는 언설과 문자를 통해서 접근할 수밖에 없다는 뜻을 품고 있기도 합니다. 물론 여기서의 언설은 체험과 자각이라는 행위를 수반하는 것입니다.

인간은 언어가 있기 때문에 생각을 하고, 생각이 있기 때문에 언어가 있습니다. 후자의 경우는 불립문자요 교외별전의 입장이고, 전자는 직지인심이요 견성성불의 입장입니다. 보통 동물은 사고할 줄 모르기 때문에 언어를 구사하지 못한다고 합니다. 그러나 체험적인 입장에서 말한다면 언어를 구사할 줄 모르기 때문에 사고할 줄 모른다고 할 수 있습니다. 언어를 벗어난 사고는 불가능합니다. 모든 종교와 사상과 문학과 수학과 과학과 예술의 행위는 언어를 통하여 이루어집니다. 또한 사고를 벗어난 언어란 의미가 없습니다. 언어는 일정한 의미를 담고 있습니다. 언어가 단순한 자연의 소리인 음향과 다른 점은 분명한 내용을 포함하고 있기 때문입니다.

이런 점에서 말하자면 선은 언어이면서 한편으로 언어를 초월해 있습니다. 그래서 언어를 통한 선은 방향이 있고, 목적이 있으며, 알맹이가 있습니다. 언어를 여읜 선은 방향을 잃은 배와 같이 일정한 곳에 다다르지 못합니다. 설령 어쩌다 우연히 다다른다고 해도 그곳이 어떤 곳인지, 그것이 무엇인지, 자신이 어찌해야 하는지를 모릅니다. 내용이 없는 껍데기이기 때문입니다. 엄밀하게 말하자면 언어가 그대로 선은 아닙니다. 언어는 선의 그림자이고 형상에 불과합니다. 언어만을 통한 선은 철학이고 관념이며 한낱 유희에 불과합니다. 언어는 선을 모릅니다. 언어를 통해서 선을 터득하려는 것은 종이 위에 그려진 지도를 통해서 목적지에 도달하려는 모색과 같이 영원히 목적지에 도달하지 못합니다.

선은 언어를 필요로 합니다. 선이 진정한 선이 되기

위해서는 언어를 통한 이해와 언어를 통한 전승이 가능해야 합니다. 그래서 부처님은 범천의 권청을 받아들여 비로소 설법을 하기로 마음먹었습니다. 왜냐하면 전승이 불가능한 선은 생명 없는 자기만족에 젖어 있을 뿐이기 때문입니다. 따라서 부처님의 경우에도 깨달음을 얻는 능력이 절반이라면 그것을 언어로 설파하는 것이 절반의 능력입니다. 선은 언어를 통해서 진정한 선으로 거듭날 수 있는 까닭에 언어는 선이 아니지만 선은 언어일 수 있습니다. 반드시 언어이어야 합니다. 언어를 지니지 않은 선은 허망한 꿈과 같고, 태양 앞의 별빛과 같으며, 스쳐 사라지는 번개와 같고, 실체를 잡을 수 없는 바람과 같습니다.

이것이 곧 언어가 선을 만나야 하는 필연성입니다. 선과 언어는 만나야 합니다. 언어와 따로 존재해서는 선은 진정한 선이 될 수 없습니다. 그리고 언어는 선을 만나야만 새로운 생명을 갖습니다. 생명이 있는 언어는 그 자체가 곧 선입니다. 더 이상 선과 별개의 것이 아닙니다. 언어를 지닌 선은 살아 있습니다. 선은 언어를 통해서 부처가 되고 중생이 되며, 꽃이 되고 물이 되며, 시간이 되고 공간이 되며, 삶이 되고 죽음도 됩니다. 왜냐하면 선은 이것저것을 따지지 않기 때문입니다. 땅에서 넘어졌다고 해서 그것을 싫어하여 땅을 멀리하면 끝내 넘어진 땅에서 일어날 수 없습니다. 반드시 넘어진 땅을 의지해야 일어날 수가 있습니다.

그래서 언어를 지니고 있으면서도 더 이상 언어에 얽매이지 않는 것이 중요합니다. 언어를 딛고 일어서야 합니다. 언어를 딛고 일어설 때만 비로소 언어를 초월할 수가 있습니다. 언어를 초월한 선은 언어이고 선이며 하늘이고 바다이며 늙고 병든 걸인의 등에 비치는 봄날의 햇살이고 긴 바위틈을 헤치고 흘러내린 가을날의 차갑고 깨끗한 물과 같습니다.

그래서 『전등록』에서 한 승이 남탑 광용(南塔光涌)에게 물었습니다.

"진짜 부처는 어디에 있습니까."

이에 남탑 광용이 말했습니다.

"언설에는 부처의 형상이 없지만, 또한 언설을 벗어난 다른 곳에도 없다."

이와 같은 선은 바야흐로 불립문자의 선이고 교외별전의 선입니다. 왜냐하면 그 선은 이미 직지인심의 선이고 견성성불의 선이기 때문입니다. 따라서 이런 경우의 선은 그대로 언어로서 언어 그 이상이 아닙니다. 언어가 선을 짊어지고 있을 때 비로소 선은 멀리 그리고 오래도록 전승됩니다. 전승되는 것은 선만이 아니라 언어도 전승됩니다. 선을 담고 전승되기에 선을 닮아갑니다. 선을 닮은 언어는 언어이고 선입니다. 그러나 언어를 닮은 선은 선이 아니라 추상일 뿐입니다. 선은 언어를 통하여 사고를 하고 지혜를 통찰합니다. 통찰의 내용이 없는 것은 선이 아닙니다. 그것은 단지 명상일 뿐이고 순간의 정신 집중일 뿐이며 그냥 앉아만 있는 오뚜기일 뿐입니다. 선은 명상이고 정신 집중이며 앉아 있으면서 동시에 그 자리에서 함초롬히 지혜를 길어 올리는 방법입니다. 나아가서 저절로 지혜가 스며드는 행위입니다.

그 스며들고 길어 올리는 것이 언어를 통하면서부터 언어는 더 이상 수단이나 도구만이 아니라 이미 선의 행위가 되어 있습니다. 언어는 선의 그림자가 아니라 선의 작용입니다. 작용이기 때문에 선을 떠나지 않습니다. 선을 떠난 작용은 조건적이고 의도적이며 무명행이고 미봉적인 것입니다. 거기에는 항상성이 없습니다. 선을 머금은 언어는 지속적일 뿐만 아니라 동시에 상황에 따라 대처하는 속성을 지닙니다. 변용하지 않고 뒤섞이지 않으면 그대로 썩어버립니다. 살아 있는 물은 부단히 부딪치고 깨지며 채우고 넘으며 통과하고 스며듭니다. 선의 언어는 선에 붙어 있으면서 선을 이끌어 나아가며 선으로부터 새로운 이름이 붙기도 합니다. 이것이 곧 선적인 언어이고 언어적인 선의 풍모이고 행태입니다.

그래서 사고를 갖지 않는 선은 유희에 불과합니다. 유희에 떨어진 선은 삼매의 찌꺼기이고 가부좌의 그림자이며 신통의 꼭두각시일 뿐입니다. 선이 유희에 떨어지지 않고 선일 수 있는 것은 언어라는 터전을 띠고 있기 때문입니다. 언어는 태풍으로부터 배를 붙들어 매는 밧줄과 같은 작용을 하고, 성난 파고로부터 배가 대피하는 정박소와 같은 역할을 합니다. 언어는 적절하게 선을 가늠질합니다. 그 언어는 이미 선으로 길들여진 언어입니다. 제어되지 않은 선은 미친 바람처럼 방향을 잃고 누구에게 어떤 결과를 초래할지 모르는 위험천만한 것입니다. 그것은 인가를 받지 않은 깨침과 같습니다. 스스로 판단하고 스스로 인정하며 스스로 제접하기 때문에 어찌할 도리가 없게 됩니다. 브레이크 없는 트레일러와 같이 멈출 수 없고 종착지도 모릅니다. 그 때문에 결과도 모르고 알아주는 사람도 없습니다. 그것은 자기만족으로 빠져들고, 나아가서 그것을 유지하고 자랑하려 하기 때문에 자기기만에 이릅니다. 남은 것은 똥고집뿐입니다. 그렇게 스스로 만족하다 끝내 자신의 정체성을 잃어버립니다. 그것은 자기에 대한 단속과 제어가 되지 않기 때문입니다.

선을 전개하는 데 있어서 마술사와 같이 언어를 자유롭게 활용하는 인물이 바로 혜능입니다. 혜능은 언어를 가지고 언어를 초월하여 제자의 의표를 찔러 일깨워줍니다. 『단경』에는 혜능이 언어를 초월하여 불법의 교의를 이해했음을 보여주는 여러 일화가 기록되어 있습니다. 출가하기 전의 혜능이 시장에서 어떤 이가 독송하고 있던 『금강경』의 한 대목을 듣고 그 의미를 바로 이해했다는 일화, 그리고 『열반경』을 독송하긴 했지만 정작 그 안에 담긴 뜻은 모르던 무진장 비구니에게 그 뜻을 가르쳐주었다는 일화는 앞에서 이미 살펴본 바가 있습니다. 여기서는 제7 「기연품」에 나오는 제자들과의 일화들을 중심으로 어떤 언어에도 얽매이지 않는 선자(禪者)로서 혜능이 보여준 풍모를 소개해볼까 합니다.

먼저 법해(法海)와의 일화를 살펴보겠습니다. 처음에 혜능을 만난 법해는 당시에 유행하고 있던 즉심즉불(即心即佛)의 뜻을 가르쳐달라고 청했습니다. 즉심즉불은 즉심시불(即心是佛), 비심비불(非心非佛), 비심즉불(非心即佛), 시심시불(是心是佛), 시심즉불(是心即佛)과 같은 말입니다. 즉심즉불에서 '즉심(即心)'이란 청정한 마음에 계합된다[即]는 의미입니다. 따라서 즉심즉불은 청정한 마음, 즉 본래 청정한 불심에 계합되면 바로 즉불이 된다는 말입니다. 이에 대해 혜능은 교의적인 설명을 초월하여 말합니다.

"전념(前念)이 발생하지 않으면 곧 그것이 즉심(即心)이고, 후념(後念)이 소멸하지 않으면 곧 즉불(即佛)이다."

여기에서 전념은 분별심이고, 후념은 청정심입니다. 전념이 이미 소멸했기 때문에 번뇌가 불생(不生)이고, 후념이 아직 발생하지 않았기 때문에 청정한 마음이 불멸(不

滅)입니다. 이를테면 일체의 청정한 모습이 성취되어 있는 것이 즉심이고, 일체의 분별적인 모습을 벗어나 있는 것이 즉불입니다. 이는 일체의 청정한 모습과 분별의 모습에 대하여 조작적인 노력으로 성취된 것이 아니라 그 이전에 이미 무념과 무심으로 현성되어 있는 모습입니다. 이것이야말로 보리달마로부터 전승되어 온 개념으로서 중생은 본래부터 부처라는 본래성불(本來成佛) 사상에 근거한 조사선의 가풍 그대로입니다.

다음으로 법달(法達)과의 일화를 살펴보겠습니다. 법달은 일곱 살 때 출가하여 항상 『법화경』을 독송했습니다. 혜능을 찾아와서 예배를 드리는데, 머리가 땅에 닿지 않았습니다. 이에 혜능이 꾸짖어 말했습니다. "예배를 한다면서 머리가 땅에 닿지 않는구나. 그대는 어째서 예법을 따르지 않는가. 그대의 마음에는 필시 자만심이 있는 듯한데, 도대체 어떤 공부를 해왔길래 그런가."

법달이 말했습니다.

"『법화경』을 읽었는데 이미 삼천 번이나 됩니다."

그러자 혜능이 말합니다.

"그대가 설령 만 번을 읽고 경전의 뜻을 터득했다고 하더라도 경전의 뜻을 넘어서지 못했다면 이에 나와 함께 수행하도록 하라. 그대는 지금 하고 있는 공부가 모두 허물인 줄을 모르는구나. 내가 게송으로 말하는 것을 들어보라.

예배는 아만을 없애는 것인데
어째서 머리가 땅에 안 닿는가
아만을 두면 허물이 생기지만
공을 잊어야 최고의 복이라네"

그리고 법달에게 『법화경』의 취지에 대해 설명해 주었습니다. 그러자 법달이 다음과 같이 청했습니다.

"제가 『법화경』을 독송해왔지만 아직 경전의 뜻을 이해하지 못하고 마음에 항상 의심이 있었습니다. 화상께서는 지혜가 광대합니다. 바라건대 경문의 의리에 대하여 간략하게 설해주십시오."

법달이 경전을 송념하며 「비유품」에 이르자, 혜능이 말했습니다.

"그만 읽어라. 이 경전은 원래 인연의 비유로써 출세간의 종취를 삼는다. 그러므로 설령 여러 가지 비유를 설할지라도 그 또한 인연의 비유를 초월하지 않는다. 그러면 인연의 비유란 무엇인가. 경전에서는 '제불세존께서는 오직 일대사의 인연 때문에 세간에 출현하셨다'고 말했다. 일대사란 곧 불지견이다. 세간의 사람들은 밖으로 미혹하여 상(相)에 집착하고 안으로 미혹하여 공(空)에 집착한다. 만약 상에 대하여 상을 초월하고 공에 대하여 공을 초월하면 그것은 곧 안과 밖으로 미혹되지 않는다. 만약 이 법을 깨치면 일념에 곧 마음이 열리는데 그것이 곧 불지견(佛知見)을 열어주는 것이다."

혜능은 여기에서 부처님께서 출현하신 일대사인연으로 말씀하신 개(開)·시(示)·오(悟)·입(入)에 대하여 말합니다.

"불(佛)은 또한 각(覺)으로서 개각지견(開覺知見)·시각지견(示覺知見)·오각지견(悟覺知見)·입각지견(入覺

知見)의 네 가지로 나뉜다. 만약 부처님께서 개·시 해주는 것을 듣고, 듣는 사람이 오·입 한다면 곧 각지견(覺知見)이 본래의 진성으로 출현한 것이다. 그러므로 그대들은 삼가 경전의 뜻을 잘못 이해하지 말라."

혜능의 이와 같은 견해는 개(開)·시(示)·오(悟)·입(入)을 교학적인 의미가 아니라 온전히 선적인 의미로 새롭게 정의한 것입니다. 일반적으로 개·시·오·입은 각각 발심·수행·보리·열반 혹은 인(因)·행(行)·증(證)·입(入)이라는 구조로 이해되고 있습니다. 그러나 여기서 혜능은 개·시·오·입 가운데 개와 시는 교화해주는 능화자(能化者)의 입장으로 간주하고, 오와 입은 교화를 받는 소화자(所化者)의 입장으로 간주하고 있습니다. 그래서 부처님께서 중생을 위해 부처님의 지견을 열어주고 불지견을 보여주시면, 중생 자신이 불지견을 깨닫고 불지견에 들어간다는 구조로 되어 있습니다.

이것은 기존에 부처님이 불지견을 열어주고 보여주며 깨닫게 해주고 들어가게 해준다는 일반적인 의미를 과감하게 탈피한 것입니다. 혜능은 불지견을 깨닫고 불지견에 들어가는 주체는 부처님이 아니라 일반 중생이라고 이야기함으로써 불보살과 중생의 동일성을 경전의 이해라는 차원뿐만 아니라 실제 수행의 차원으로까지 확장시켰던 것입니다. 이것이 『법화경』의 내용에 대해 혜능이 이해한 바입니다. 경전에 대한 이러한 이해가 선종의 불립문자 교외별전의 전통으로 정착되어 갔습니다.

이에 혜능은 경전을 독송하는 마음의 자세에 대해서 다음과 같이 말합니다.

"입으로 송념하고 마음으로 실천하면 곧 그것은 경전을 부리는 것이지만, 입으로만 송념하고 마음으로 실천하지 않으면 곧 그것은 경전에게 부림을 당하는 것이다. 내가 게송으로 말할 테니 들어보라.

마음이 미혹하면 법화가 굴리지만
마음을 깨우치면 법화를 굴린다네
길이 송경하면서도 깨치지 못하면
경전의 뜻이 중생지견만 키운다네
무념으로 송경하면 송념이 바르고

유념으로 송경하면 송념이 삿되네
유념과 무념의 분별을 초월한다면
영원토록 대백우거를 타고 가리라"

법달은 혜능의 이와 같은 설법을 듣고 언하에 대오했습니다. 여기에는 혜능의 불립문자 교외별전이라는 경전관이 뚜렷하게 드러나 있습니다. 아무리 부처님의 경전을 열심히 읽는다고 할지라도 그 의미를 파악하지 못하면 경전에 얽매이게 되지만, 일단 그 의미를 잘 파악하고 나면 경전을 자유롭게 활용한다는 것입니다.

다음으로 지통(智通)과의 일화를 살펴보겠습니다. 혜능은『능가경』을 천 번이나 읽었지만 삼신(三身)과 사지(四智)의 의미를 이해하지 못한 지통의 질문을 받고, 다음과 같이 설명해 줍니다.

"삼신은 다음과 같다. 청정법신은 그대의 자성이고, 원만보신은 그대의 지혜이며, 천백억화신은 그대의 일상 행위이다. 그러므로 만약 본성을 떠나서 별도로 삼신을 설한다면 그것은 곧 신(身)은 있지만 지(智)가 없는 꼴이다."

지통은 삼신을 실체적인 유(有)로 이해하고 있었습니다. 하지만 삼신에도 그 자성이 없음을 깨닫게 되면 바로 사지와 보리를 터득하게 됩니다. 지통이 다시 사지에 대하여 질문하자, 혜능은 말합니다.

"이미 삼신을 이해했다면 곧 사지에 대해서도 알았을 터인데 어째서 다시 묻는가. 만약 삼신을 벗어나서 별도로 사지를 담론한다면 그것은 지(智)는 있지만 신(身)이 없는 꼴이다. 게송으로 말하겠다.

대원경지는 그 자성 본래 청정하고
평등성지는 그 마음 본래 무병이네
묘관찰지는 그 견해 유루공능 없고
성소작지는 대원경지와 동일하다네"

여기서 혜능은 일체의 사실과 행위에 대하여 여러 가

지로 분별하는 번뇌의 마음을 굴려서 오히려 그것이야말로 분별이 아닌 진실한 지혜로 이해하고 있습니다. 그 때문에 교학에서는 보고 들으며 냄새를 맡고 맛을 보며 감촉을 느끼는 다섯 가지의 마음을 굴려서 성소작지(成所作智)라는 지혜를 삼고, 앞의 다섯 가지 마음을 종합하여 생각을 정리하는 여섯 번째의 마음을 굴려서 묘관찰지(妙觀察智)라는 지혜를 삼으며, 일곱 번째의 잠재의식을 굴려서 평등성지(平等性智)라는 지혜를 삼고, 불교에서 내세우는 가장 근본적인 심층에 해당하는 여덟 번째의 마음을 굴려서 대원경지(大圓鏡智)라는 지혜를 삼는다고 말합니다. 비록 여섯 번째의 마음과 일곱 번째의 마음은 수행의 차원에서 굴린 것이고, 앞의 다섯 가지의 마음과 마지막 여덟 번째의 마음은 수행의 과보에서 굴린 것이지만, 단지 그 명칭만 굴린 것이지 그 본체는 굴려지지 않는다는 점을 일러준 것입니다. 여기서 혜능은 청정법신·원만보신·천백억화신의 삼신과 성소작지·묘관찰지·평등성지·대원경지의 사지를 철저하게 마음의 차원인 자성의 삼신과 자성의 사지로 이해하고 있습니다.

다음으로 지도(志道)와 관련된 일화를 살펴보겠습니다. 지도는 출가하여 10년이 넘도록『열반경』을 공부했지만 그 대의를 파악하지 못하고 있었습니다. 지도가 혜능에게 질문했습니다.

"일체의 존재는 무상하다[諸行無常]. 이것은 생멸의 법칙이다[是生滅法]. 그래서 생멸을 초월하면[生滅滅已] 그것이 적멸의 즐거움이다[寂滅爲樂]'라는 대목에 의혹이 있습니다."

지도의 질문은 다음과 같았습니다.

"일체중생에게는 모두 두 가지 몸이 있습니다. 말하자면 색신과 법신입니다. 색신은 무상하여 발생도 있고 소멸도 있습니다. 그러나 법신은 영원하여 알 수도 없고 느낄 수도 없습니다. 그런데 경문에서는 생멸을 초월하면 그것이 적멸의 즐거움이라고 말합니다. 그렇다면 어떤 몸이 적멸하고 또 어떤 몸이 즐거움을 받는지 모르겠습니다."

이에 대해 혜능이 말했습니다.

"그대는 불법의 출가사문이면서 어찌 불교가 아닌

외도의 단견(斷見)과 상견(常見)의 사견(邪見)을 익혀서 그것으로 최고 수준의 불법인 최상승법(最上乘法)을 논하는 것인가. 그대의 말에 의거하면 곧 색신 밖에 별도로 법신이 있고 생멸을 벗어나서 적멸을 추구하는 꼴이며, 또한 『열반경』에서 말하는 상(常)과 락(樂)을 색신으로 수용한다는 것이다. 그것은 생사에 집착하고 세간의 오욕락에 탐착하는 행위이다. 그대는 이제 부처님은 부처를 위해 설법하는 것이 아니라 일체의 어리석은 사람을 위해 설법한다는 것을 반드시 알아야 한다. 그들 어리석은 사람은 오온이 화합된 몸을 진실이라고 간주한다. 부처님은 그들을 불쌍히 여긴 까닭에 이에 열반의 진락(眞樂)을 보여주었다. 찰나도 태어나는 모습이 없고, 찰나도 소멸하는 모습이 없으며, 다시 태어남과 소멸이 없어지는 것도 없는 바로 그것이 곧 열반인 적멸(寂滅)의 현전(現前)이다. 적멸이 현전할 경우에도 또한 현전한다는 생각이 없는데, 그것을 상(常)과 락(樂)이라 말한다. 이 락이야말로 받는 자도 없고 또한 받지 않는 자도 없거늘 어찌 동일한 몸에 다섯 가지 작용이라는 명칭이 있겠는가. 하물며 어찌하여 다시 열반에 제법이 갇혀 있어서 영원히 발생하지 못한다고 말할 수 있겠는가. 그것이야말로 곧 부처님을 비방하고 불법을 훼손하는 꼴이다."

여기에서 혜능은 번뇌의 현실과 깨달음의 열반을 둘로 나누어 생각하는 중생의 깜냥을 비판하고, 그것은 다름이 아니라 중생의 분별견해로부터 나오는 잘못임을 지적하고 있습니다. 『열반경』에서 말하고 있는 네 가지 덕목인 상(常)·락(樂)·아(我)·정(淨)은 중생의 입장이 아니라 불보살의 입장인데도 불구하고, 중생이 중생인 자신의 입장에서 불보살의 깨달음을 이해하려고 하는 것은 새가 날개도 없이 허공을 날려고 하는 것처럼 무모한 것이라고 일러줍니다. 그것은 마치 올챙이가 개구리의 세계를 이해할 수 없는 것에 비유됩니다.

그래서 혜능은 가장 높은 대열반의 경지는 원명하여 늘 고요하고 밝은데도 불구하고, 범부는 그것을 죽음이라 말하고, 외도는 그것을 단멸이라고 집착하며, 소승에 해당하는 성문과 연각을 구하는 사람은 그것을 무작(無作)

이라 말한다는 것입니다. 혜능은 『열반경』과 관련하여 이미 무진장 비구니를 교화해준 인연이 있었습니다. 무진장 비구니에 대해서는 경전의 독송에 대한 가벼운 문제였지만, 여기서 지도의 질문은 경전의 핵심적인 내용에 대한 질문이었습니다. 혜능은 경전의 문구는 문구대로 이해하고, 내용은 내용대로 이해하는 데 있어서 어디에도 걸림이 없이 자유로웠습니다.

다음으로 영가 현각(永嘉玄覺)과의 일화를 살펴보겠습니다. 『유마경』을 읽고 깨달음을 얻었다는 영가 현각은 이미 깨달음을 얻었지만 아직 인가를 받지 못하고 있었습니다. 그래서 혜능의 제자인 현책과 왕래하면서 절차탁마하다가, 현책의 권유를 받고 혜능에게 참방하여 마침내 깨달음에 대한 인가를 받았습니다. 이 일화는 제아무리 경전을 제대로 이해하고 깨달음을 얻은 이라 할지라도 눈 밝은 선지식에게 그 깨달음은 인가 받지 못한다면 천연외도와 같다는 것을 일러줍니다.

마지막으로 남악 회양(南岳懷讓)과의 일화를 살펴보

겠습니다. 회양이 숭산에서 찾아오자, 혜능이 그에게 물었습니다.

"어디서 왔는가?"

회양은 숭산에서 왔다고 답변했습니다. 그러자 혜능은 답답하다는 듯이 혀를 차면서 질책했습니다.

"그대의 육신을 이끌고 다니는 그것이 무엇이냐는 말이다."

그러자 회양은 답변하지 못했습니다. 회양은 오로지 스승이 제기한 질문에 답변을 찾으려고 정진하면서 8년을 지냈습니다. 마침내 8년이 지난 어느 날, 회양이 혜능에게 답했습니다.

"육신을 이끌고 다니는 것이라는 말씀도 제대로 표현한 것은 아닙니다. 제가 수행을 하여 깨닫고 보니, 애초부터 깨달음이 갖추어져 있기에 그것을 오염시키지 않는 그것이 바로 진정한 깨달음입니다."

이에 혜능은 회양의 그 말을 인가하고 전법해주었습니다. 이로써 회양은 혜능의 정법안장을 계승하여 정통 법맥을 확보할 수 있었습니다.

회양의 법맥은 이후로 임제종을 거쳐 오늘날 대한불교조계종의 법맥으로 면면하게 계승되었습니다. 이처럼 혜능은 제자들의 어떠한 질문에 대해서도 언어에 걸림이 없이 본심을 직지해줌으로써 제자들이 발심하고 수행하여 깨닫고 인가를 받으며 전법하는 일련의 과정이 낱낱이 잘 이루어질 수 있도록 했습니다. 이것이 바로 혜능이 보여준 불립문자 교외별전 직지인심 견성성불의 가르침이었습니다.

4

『육조단경』에서
우리는
무엇을 배울 수 있을까

출가와 효도 사이에서

인도에서 전래된 종교인 불교는 중국인들에게 신비스럽게 여겨질 만한 요소들을 충분히 갖고 있었습니다. 중국인에게 불교는 명확하게 알아들을 수 없는 주력을 구사하는 종교로, 실크로드 상인들이 전하는 사막의 문화를 흡수한 종교로 인식되었습니다. 또한 불교는 중국 문화에서는 대단히 생소했던 출가의 전통에 따라 가족을 저버리는 불효의 종교로, 초자연적인 신통력을 지닌 마법의 종교로 인식되기도 했습니다.

중국인들은 이미 오랫동안 제자백가(諸子百家) 등의 세련된 사상을 향유해오고 있었습니다. 또한 중국인들의 의식에는 중국이야말로 세상의 중심이라는 중화사상이 강하게 뿌리를 내리고 있었습니다. 이런 중국인들에게 불교는 기본적으로 오랑캐의 종교 내지 문화에 지나지 않았습니다. 그래서 그들은 적어도 처음에는 불교를 전면적으로 수용하지 않고 오직 선택적으로만 수용했습니다. 불교와 관련하여 중국인들은 그들 사회의 질서 유지에 도움이 될 만한 철학과 규범이 거기에 있는지, 그리고 불교와 함께 전승된 이국의 신기한 문화로는 어떤 것이 있는지 정도에 관심을 가졌습니다.

하지만 중국인들은 차츰 불교의 온전한 면모에 접근하게 되었습니다. 이것은 중국에서 불교의 가르침이 지속적으로 전승되고, 또 여러 경전이 중국말로 번역된 결과였습니다. 4세기 무렵에 이르러 중국인들은 불교에 대한 기존의 태도를 버리고 본격적으로 불교를 연구하기 시작했습니다. 그리고 얼마 지나지 않아 중국인들은 그들의 자생종교에서는 볼 수 없었던 깊은 사유를 불교에서 발견하고 감탄하게 되었습니다. 이런저런 불교 경전을 선호하고 숭배하는 무리가 형성되고 이 무리가 종파로 발전함에 따라, 불교는 중국 대륙에서 새로운 종교와 사상과 문화의 아이콘으로 자리 잡게 되었습니다.

중국 선종은 6세기 초에 중국으로 온 보리달마에 연원을 둡니다. 선종은 경전을 초월한 마음의 탐구를 통해 깨달음에 이르는 것을 지향했습니다. 불교의 선종은 달마로부터 이백여 년에 걸친 시기 동안 중국이라는 지역에서 토착화를 모색합니다. 7세기 중반에는 혜능이라는 걸출한 인물이 출현하여 마음의 법문 곧 자성법문에 대하여 설파했고, 8세기 무렵에는 드디어 선종이 명실상부한 중국적 종파로서 토착화되었습니다. 달마가 뿌렸던 선종의 씨앗이 시대를 거쳐가면서 비로소 뿌리를 내렸던 것이지요.

혜능이 활동하던 7~8세기의 중국은 당나라 시대였습니다. 이때는 인간의 본연에 대한 자각이 싹트기 시작한 중세 시대이기도 했습니다. 당시 중국에서는 불교 이전에 이미 관학(官學)화된 유교가 확고한 지위를 유지하고 있었습니다. 중국에서는 한나라 무제 때 오경박사와 같은 관직이 설치되었고, 당나라 시대에 와서는 태종의 명으로 공영달이 『오경정의(五經正義)』를 편찬했습니다. 과거 제도가 널리 시행되면서 유형화된 『오경정의』가 과거 시험의 문제 은행과 같은 역할을 하기도 했습니다.

하지만 과거 제도라는 틀에 갇혀 있고 싶지 않았던 일부 유생들은 거기에 만족하지 못했습니다. 그들은 자신들이 자각했던 본래의 인간성을 탐구하고자 했습니다. 이러한 관심의 연속선상에서 그들은 선종에 대해 큰 관심을 갖게 되었습니다. 불교는 불교대로 유생들이 만들어낸 개인 문집 문화를 도입했고, 그 결과 선사의 말씀을 기록한 선어록이 출현하게 되었습니다. 『단경』 역시 이러한 배경에서 만들어진 혜능의 개인 어록입니다. 선어록은 기존의 규범이나 전통에 얽매이지 않고 자유롭게 자각한 인간의 본래면목을 가감 없고 장식 없이 묘사하고자 했습니다.

이런 점에서 『단경』은 도그마적인 요소를 배제한 채 혜능이라는 인물의 본래모습을 고스란히 그려낼 수 있었습니다. 거기에는 우선 출가의 문제가 엿보입니다. 혜능은 『금강경』의 '마땅히 집착하지 말고 본래의 청정한 마음을 일으켜야 한다[應無所住而生其心]'는 대목을 듣고 마음에 환희심을 일으켜 발심하게 됩니다. 혜능의 발심은 단순한 객기의 결과가 아니라 자신의 마음을 강력하게 사로잡는 어떤 인연을 감지한 결과였습니다. 하지만 혜능에게는 걸림돌이 있었습니다. 출가를 하기 위해서는 홀어머니를 두고 떠나야 했기 때문이었습니다.

불교에서는 출가가 부모를 저버리는 행위가 아니라 오히려 부모를 비롯하여 삼족(三族)을 구원하는 거룩한 행위라고 봅니다. 문중에서 한 사람이 출가하면 구족(九

族)이 생천한다는 논리도 그런 생각에서 비롯된 것입니다. 하지만 당시 중국 사회에서 그러한 논리가 수용되기는 어려웠습니다.

다행히 혜능에게는 뜻밖의 길이 열렸습니다. 『단경』에는 다음과 같은 기록이 나옵니다.

"그런데 숙세에 맺은 인연이 있었던 탓인지, 이에 어떤 손님이 혜능에게 은화 10냥을 주면서 노모의 의복과 양식에 충당하고 곧바로 황매산으로 가서 오조를 참방하라고 했다. 혜능은 어머니를 모셔두고 하직인사를 드리고 길을 떠났다. 30여 일이 걸리지 않아 황매에 이르러서 오조 스님께 예배를 드렸다."

이처럼 『단경』에는 혜능의 고민을 해결해주는 장치가 마련되어 있습니다. 혜능이 전생부터 스스로 심어두었던 선근의 종자가 이때를 맞이하여 현성했다는 것입니다.

한편 『조당집』에서는 혜능이 발심하고 출가하는 대목에서 안도성(安道誠)이라는 사람을 등장시킵니다. 어느 날 혜능이 시장에서 나무를 팔고 있는데, 안도성이라는 나그네가 찾아와서 나무를 사고 그것을 배달해 달라고 했습니다. 혜능이 배달을 마치고 돈을 받아 문을 나설 때 안도성이 『금강경』을 독송했는데, 혜능은 그 소리를 듣고 발심을 했습니다. 혜능의 발심을 알아차린 안도성은 자기가 참배했던 홍인 조사를 혜능도 참배해보는 것이 어떻겠느냐고 권유했습니다. 하지만 곧 안도성은 홀로 노모를 모시는 혜능의 형편을 알게 되었습니다. 이에 안도성은 혜능에게 은자 백 냥을 주면서 노모의 옷과 양식을 마련하는 데 쓰라고 했습니다. 그리고는 걱정하지 말고 서둘러 홍인에게 가라고 말했습니다. 출가의 마음이 지극히 간절했던 혜능은 안도성의 말에 따라 마침내 노모에게 하직 인사를 드리고 길을 나서게 됩니다. 출가와 효도라는 혜능의 딜레마는 이로써 자연스럽게 해소되었습니다.

혜능의 출가는 이후로 여러 가지 유형의 출가에 대한 본보기가 되었습니다. 하지만 출가하려는 마음이 지나치게 간절한 나머지 효도까지도 저버려야 했다는 논리로 출가를 정당화시키는 경우도 있었습니다. 극단적이긴 하지만 당 말기 현사 사비(玄沙師備, 835~908)의 경우가 그랬습니다. 현사사비는 출가하고 싶은 마음이 간절했지만 아

128

버지의 만류에 부딪혔습니다. 어느 날 사비는 강에서 어부로 살고 있었던 아버지와 함께 고깃배를 타고 나갔습니다. 이때 사비는 일부러 배를 기울여 아버지가 물에 빠져 돌아가시게 했고, 그 결과 무사히 출가할 수 있었습니다. 아버지를 죽게 만든 사비의 무모한 행동은 당연히 사회의 손가락질을 받을 일이었습니다. 하지만 이 이야기는 사비가 그러한 불효를 저지른 것도 출가하려는 마음이 너무 컸던 결과로 이해해야 한다는 뉘앙스를 풍기고 있습니다. 사비의 경우와 비교하면 혜능은 출가와 효도 사이의 딜레마를 '숙세에 맺은 인연'에 따른 자연스러운 결과 덕분에 말끔하게 해결했다고 할 수 있습니다.

불법을 어떻게 전달해야 할까

혜능은 40세 때부터 76세의 나이로 입적할 때까지 37년 동안 조계의 보림사에서 설법을 하며 출가인과 재가인을 가리지 않고 널리 교화했습니다. 혜능은 자기에게 찾아오는 사람이라면 누구든지 가리지 않고 교화를 펼쳤는데, 불법의 진리를 사람의 능력에 맞게 설파해주었기 때문에 '조계고불(曹溪古佛)'이라는 명칭을 얻게 됩니다. '고불'은 덕이 높은 고승을 부르는 극존칭으로, '조계고불'은 조계에 주석하는 고불이라는 뜻이 됩니다. 중국과 일본의 선종에는 존경의 의미에서 지극히 뛰어난 선사를 고불이라고 호칭한 예들이 더러 있습니다. 우리나라 불교에서는 고불이라는 호칭을 붙인 사례가 보이지 않습니다. 대신 우리나라에서는 '화상(和尙)'이라는 호칭을 붙였던 사례가 많이 보입니다. 화상이라는 용어는 중국을 비롯하여 우리나라 및 일본 등 한자 문화권에서 훌륭한 스님을 일컫는 보편적인 용어로서 오늘날까지도 사용되고 있습니다. 다만 우리나라에서는 불교를 억압했던 조선시대를 거치면서 화상이라는 용어가 원래 의미와는 반대로 스님을 형편없이 낮추어 일컫는 말로 변했습니다. 이처럼 고불이라고 불렸던 혜능은 납자를 교화하는 데 있어서 자신이 거처하는 방인 조실(祖室)에서 일대일로 맞춤식 교화를 했는가 하면, 널리 사람들을 모아서 공식적인 법회를 통해 대중을 상대로 교화하기도 했습니다.

혜능이 보여주었던 교화 방식에는 여타 선사들과 차별되는 모습이 있습니다. 대승불교의 사상적 근간인 공(空)을 설파했던 『대반야경』에 대해 용수 보살(龍樹菩薩, 2~3세기)이 주석을 붙인 『대지도론』이라는 책이 있습니다. 이 책에서는 중생을 교화하는 방법으로 세계실단(世界悉檀)·각각위인실단(各各爲人悉檀)·대치실단(対治悉檀)·제일의실단(第一義悉檀)의 사실단(四悉檀)을 제시하고 있습니다. '실단'은 범어 '싯단타(siddhānta)'의 음역으로 교법(敎法) 내지 종의(宗義)를 뜻합니다.

사실단 가운데서 기호에 따라 경문을 해석하여 흥미를 생기게 하는 해석법이 세계실단인데, 이는 욕락실단(欲樂悉檀)이라고도 합니다. 경문을 통하여 자연히 좋아하는

마음을 일으켜 좋은 일을 하게 하는 해석법이 각각위인실
단인데, 이는 생선실단(生善悉檀)이라고도 합니다. 경문을
통하여 자연히 악심을 소멸시켜 나쁜 일을 그치게 하는
해석법이 대치실단인데, 이는 단혹실단(斷惑悉檀)이라고
도 합니다. 경문을 통하여 구극의 이치에 들어가게끔 하
는 해석법이 제일의실단인데, 이는 입리실단(入理悉檀)이
라고도 합니다. 이와 같이 사실단은 불교 초심자들을 차
츰 단계를 높여가며 불법의 세계로 이끌어 마침내 궁극에
까지 이르게 하는 방식입니다.

이에 비해 혜능은 상대방의 능력과 수준에 맞추어 개
별적으로 가르치는 방식을 썼습니다. 『단경』에는 혜능의
교화를 받은 사람으로 무진장 비구니, 법해, 법달, 지통, 지
상, 지도, 청원 행사, 남악 회양, 영가 현각, 지황, 방변 등
을 비롯한 13명이 보입니다. 이들 대부분은 직접 혜능을
찾아와서 불법에 대해 질문하고 그에 대한 혜능의 답변을
듣는 형식으로 가르침을 받습니다.

하지만 특정한 상대가 아니라 일반적인 상대를 상정
하고 가르침을 펼 때는 어떤 식으로 해야 할까요? 혜능은
『단경』 제10 「부촉품」에서 법해, 지성, 법달, 하택 신회, 지

상, 지통, 지철, 지도, 법진, 법여 등 십대 제자를 불러놓고 이에 대해 자세하게 말했습니다.

"그대들은 나의 다른 제자들과 달리 내가 멸도한 후에 각자 한 지역의 선지식이 될 것이다. 내 이제 그대들에게 설법하여 본래의 종지를 상실하지 않도록 해주겠다. 먼저 모름지기 삼과법문(三科法門), 동용(動用)의 36대(對), 출몰(出沒) 및 긍정과 부정[卽離]의 양변 등을 들어서 일체법을 설하는 경우에 결코 자성을 벗어나지 말아야 한다. 말하자면 누가 그대한테 교법을 물으면 언제나 상대적인 법을 내세워 모든 경우에 상대적인 입장에서 답변해야 한다. 그러면 오고 감이 서로 인유(因由)하여 구경에 상대적인 두 가지 법이 모두 사라져서 더 이상 나아갈 것이 없다."

이것은 일반적인 상대에 대하여 가르침을 펴는 원리를 제시한 것입니다. 삼과법문이란 구마라집의 번역으로는 음(陰)·입(入)·계(界)이고, 현장의 번역으로는 오온(五蘊)·십이처(十二處)·십팔계(十八界)입니다. 그리고 동용의

36대란 상대적인 사고 유형을 36종류로 언급한 것입니다.

　여기서 동용(動用)은 우리의 마음, 곧 자성(自性)의 동용으로서 주체적인 작용을 말합니다. 그리고 출몰(出沒)은 부처님에게 갖추어진 18가지 신통변화하는 능력 가운데 하나입니다. 이와 관련하여 『열반경』에서는 지극히 작은 몸으로 나타나고, 지극히 큰 몸으로 나타나며, 지극히 가벼운 몸으로 나타나고, 지극히 자재하게 나타나며, 모든 일에 주인공으로 나타나고, 지극히 멀리 가기도 하며, 지극히 멀리 날아가기도 하고, 여기에서 사라졌다가 저기에서 나타나며, 멀리 갔지만 가까이에 있고, 가지 않고도 도달하며, 찰나에 시방에 널리 도달하고, 마음대로 작동하는데 움직이며, 솟아오르고, 흔들며, 부딪치고, 큰 소리를 내며, 폭발하여 터지고, 생각하는 대로 행동하는 것 등입니다. 긍정과 부정[卽離]은 긍정과 부정, 같음과 다름, 다가옴과 멀어져감, 생성과 소멸, 단멸과 상주 등의 대립적인 관계를 가리킵니다.

　여기서 동용의 36대를 구체적으로 살펴보겠습니다. 우선 무정물에 대해서는 하늘과 땅, 해와 달, 밝음과 어둠,

음과 양, 불과 물의 다섯 가지입니다. 언어에 대하여 어(語)와 법(法), 유(有)와 무(無), 유색(有色)과 무색(無色), 유상(有相)과 무상(無相), 유루(有漏)와 무루(無漏), 색(色)과 공(空), 동(動)과 정(靜), 맑음과 흐림, 범부(凡夫)와 성인(聖人), 승(僧)과 속(俗), 노인과 젊은이, 대(大)와 소(小)의 열두 가지입니다. 자성의 기용(起用)에 대하여 장(長)과 단(短), 사(邪)와 정(正), 치(癡)와 혜(慧), 우(愚)와 지(智), 란(亂)과 정(定), 자(慈)와 독(毒), 계(戒)와 비(非), 직(直)과 곡(曲), 실(實)과 허(虛), 험(險)과 평(平), 번뇌(煩惱)와 보리(菩提), 상(常)과 무상(無常), 비(悲)와 해(害), 희(喜)와 진(瞋), 사(捨)와 간(慳), 진(進)과 퇴(退), 생(生)과 멸(滅), 법신(法身)과 색신(色身), 화신(化身)과 보신(報身)의 열아홉 가지입니다.

　　그래서 가령 누가 어둠이 무엇이냐고 물으면, 밝음은 인이고 어둠은 연으로서 밝음이 사라지면 곧 어둠이라고 답변해야 한다는 것입니다. 이와 같이 밝음으로써 어둠을 드러내고, 어둠으로써 밝음을 드러내며, 오고 감이 서로 말미암아 중도의 뜻이 성립된다는 것입니다. 혜능은 그 밖의 질문에 대해서도 모두 다 이와 같은 방식으로 설법함으로써 정법안장의 종지가 끊어지지 않도록 하라고 제자들에게 당부했습니다.

　이렇게 혜능은 타인을 교화할 때는 교화를 받는 상대를 잘 살펴서 그에 적절하게 대응해야 한다는 대원칙을 설파했습니다. 이러한 원칙은 모든 사람이 살아가고 있는 현실의 중생 세계가 상대적인 세계로 이루어져 있음을 말미암아 중도의 뜻이 성립된다는 것입니다. 혜능은 그 밖의 질문에 대해서도 모두 다원적으로 파악한 바탕에서 교화가 이루어져야 한다고 생각했습니다. 이후로도 선종에서는 스승이 제자를 교육하는 다양한 방식이 출현했습니다. 크게 보자면 교육의 대원칙으로서 두 가지 방식, 즉 피교육자에 대해 자유롭게 풀어주는 방행(放行)과 일일이 간섭하여 규정대로 적용하는 파주(把住)가 나타났습니다. 혜능은 방행과 파주라는 방식을 싸잡아서 상황에 맞추어 자유롭게 활용하는 36대의 방식을 이미 제시해 두었던 것입니다.

　혜능이 이와 같이 상대적인 원리에 입각한 교화의 원칙을 일러준 것은 불법의 진여와 열반의 세계는 실로 상(常)·락(樂)·아(我)·정(淨)의 세계이지만, 우리가 살아가는 현실 세계는 항상 무상하고 상대적인 세계임을 감안했기 때문입니다. 혜능은 수행하는 사람이 깨달음을 추구하는 행위에 해당하는 상구보리(上求菩提)라는 자리적인 측면에서는 자성의 법문을 통해 깨달음을 지향하고, 자신이 이해하고 터득한 불법을 남에게 베풀어주는 행위에 해당하는 하화중생(下化衆生)이라는 이타적인 측면에서는 중생의 세간이 펼쳐지는 추세를 살펴서 그에 적절하게 대응하라고 가르쳤습니다. 가령 『단경』의 제7 「기연품」에서는 어떤 스님이 와륜사에 주석하고 있는 한 선사의 게송을 읊는 대목이 보입니다.

와륜의 기량은 아주 뛰어나서
온갖 사상을 모두 단절한다네
경계를 대해도 분별심 없으니
나날이 보리의 싹이 자란다네

혜능이 그 게송을 전해 듣고 말했습니다.
"이 게송은 아직 마음을 깨닫지 못한 것이다. 그러므로 만약 그것에 의지하여 수행한다면 곧 더욱더 얽매일 뿐이다."

이에 혜능은 대중에게 다음과 같이 하나의 게송을 제시하여 말했습니다.

혜능은 기량이 뛰어나지 못해
온갖 사상을 소멸하지 못하네
경계를 맞아 항상 흔들리므로
어찌 보리의 싹이 자라겠는가

일반의 상식으로 보자면 와륜사에 주석하고 있는 선사는 수행이 대단한 경지에 올라 있는 것처럼 보입니다. 그런데 여기서 와륜사 선사가 말한 사상(思想)이란 다름이 아니라 분별심을 상징하는 사구분별(四句分別)로서, 번잡하게 계탁하고 분별하는 마음의 번뇌 작용을 가리킵니다. 따라서 와륜사 선사는 갖가지 번뇌를 부지런히 없애면서 외부의 경계에 물들지 않고 깨달음인 보리도를 성취한다는 의미에서 점수(漸修)를 지향한다고 할 수 있습니다. 달리 말해 와륜사 선사는 의도적이고 조작적이며 계획적으로 열심히 수행하여 깨달음을 성취하고자 합니다.

그런데 여기서 혜능의 입장을 다시 잘 이해해볼 필요

가 있습니다. 혜능의 선풍은 모든 중생에게 본래부터 깨달음이 완성되어 있다는 본래성불(本來成佛)에 기반하고 있습니다. 따라서 깨달음을 얻기 위하여 모종의 어떤 의도적인 수행을 한다는 것은 있을 수 없습니다. 혜능이 말하는 수행이란 이미 깨달아 있는 상태에서 그 깨달음을 유지하고 활용하는 것입니다. 따라서 굳이 따로 깨달음을 얻기 위하여 수행할 필요가 없습니다. 수행은 깨달음을 얻기 위한 행위가 아니라 깨달음을 실천하는 행위가 되어야 합니다.

　깨달음을 얻기 위한 와륜사 선사의 수행은 훈수(熏修)이고 작수(作修)입니다. 이러한 수행에는 의도적이고 조작적이며 점차적인 행위가 깃들기 마련입니다. 만약 이러한 수행을 하다가 그치면 그때는 깨달음의 작용이 드러나지 않게 됩니다. 따라서 이러한 수행은 불완전한 수행입니다. 하지만 혜능이 지향하는 수행은 깨달음의 상태에서 그것을 자각하고 실천하는 수행인 까닭에 본수(本修)이고 묘수(妙修)입니다. 거기에는 굳이 새롭게 깨달음을 얻으려고 하는 분별의 행위가 없고, 애써 깨달음을 얻으려는 조작이 없습니다. 이러한 수행은 자연적인 돈오의 행위 그대로이므로 애초부터 완전한 수행이고 완전한 깨달음에 해당합니다. 부처님이 했던 수행의 경우, 깨닫기 이전에 6년 동안 했던 수행은 작수이고 훈수이지만, 깨닫고 난 이후 열반에 이를 때까지 45년 내지 49년 동안 했던 수행은 본수이고 묘수에 해당합니다. 와륜사 선사의 게송은 수행과 깨달음에 대한 이와 같은 안목에서 이해해야 합니다.

이에 혜능은 다음과 같이 말합니다.

"나 혜능은 분별하는 기량이 뛰어나지 못하여 온갖 분별적인 사상일지라도 의도적으로 소멸하지 않고 그대로 내버려둔다. 따라서 갖가지 경계를 맞이하여 항상 이리저리 흔들리더라도 애초부터 보리라든가 열반이라든가 하는 경지를 지향하지 않는다."

이것이 곧 와륜사 선사의 게송에 대한 비판이고 평가이며, 혜능 자신의 교화입니다. 이러한 관점이야말로 달마로부터 연원하는 조사선(祖師禪)의 진면목에 해당합니다. 따라서 『단경』을 비롯하여 중국 조사선에서 출현했던 선어록을 읽을 때에는 반드시 돈오견성(頓悟見性)이라는 관점에서 접근하지 않으면 안 됩니다. 혜능에서 비롯되는 남종선의 문도들이 신수의 북종선을 그토록 비판하고 또 정통이 아닌 방계라고 낮추어 취급했던 것도 그들이 돈오 견성을 지향했기 때문이었습니다.

부처님의 어록과 조사의 경전

선종은 불립문자 교외별전을 주창합니다. 하지만 아이러니컬하게도 선종만큼 많은 문헌을 보유한 종파도 드뭅니다. 밀종과 정토종을 제외하면 아마도 선종이 가장 많은 문헌을 지닌 종파일 것입니다. 왜 그럴까요? 실은 이것은 지극히 당연한 결과입니다. 선종에서는 심법을 전승한 달마로부터 깨달음을 궁극의 목표로 지향합니다. 하지만 깨달음이란 대단히 추상적인 개념입니다. 자신이 터득한 형체도 없고 맛도 없고 냄새도 없고 소리도 없고 촉감도 없는 깨달음을 타인에게 전승하는 것은 애초부터 불가능한 일입니다. 하지만 선종으로서는 불완전한 언어를 통해서라도 어떻게든 깨달음을 전승해야 할 필요가 있었습니다. 그 결과 중국 선종에서는 많은 선어록(禪語錄)들이 출현했는데, 이러한 선어록들은 중국 문화사와 불교사에서 독특한 장르로 자리 잡게 되었습니다.

여기서 잠깐 불법을 언설로 표현하는 방식으로서의

표전(表詮)과 차전(遮詮)에 대해 이야기해볼까 합니다. 표전은 긍정적인 표현 방식이고, 차전은 부정적인 표현 방식입니다. 표전은 '무엇이다', '어떤 것이다', '이렇다', '저렇다' 하는 경우처럼 적극적으로 점차 설명을 쌓아가면서 궁극에 설명하고자 하는 목표점에 도달하는 방식입니다. 반면에 차전은 '무엇이 아니다', '이렇지 않다', '저렇지 않다', '어떤 것도 아니다' 하는 경우처럼 애초부터 깎아나가다가 마지막에 남은 하나의 사실을 통해 설명하고자 하는 목표점에 도달하는 방식입니다. 따라서 『반야심경』에 나오는 '색즉시공(色卽是空) 공즉시색(空卽是色)'이라는 구절은 표전의 방식에. '색불이공(色不異空) 공불이색(空不異色)'이라는 구절은 차전의 방식에 각각 해당합니다. 비유하면, 하나의 뼈대에 자꾸 흙을 발라가며 작품의 완성으로 나아가는 소조(塑造)와 같은 경우가 표전의 방식이라면, 하나의 돌덩어리를 자꾸 깎아가며 작품의 완성으로 나아가는 조각(彫刻)이 차전의 방식입니다. 깨달음과 같은 경우는 표전보다는 차전의 방식으로 표현하는 편이 더 어울립니다.

선어록은 '선의 어록' 또는 '선종의 어록'을 의미하며,

선전(禪典)·선적(禪籍)·선서(禪書)·선문헌(禪文獻)·선록(禪錄) 등으로 불리기도 합니다. 선어록은 선자(禪者)의 평소 설법을 제자 혹은 제삼자가 기록한 것입니다. 어떤 선어록에는 선자 자신의 서문이 붙어 있기도 한데, 이러한 선어록은 설법하는 선자의 생전에 만들어진 것이라고 할 수 있습니다. 선어록은 선자의 법문을 오랫동안 남게 함으로써 불특정한 여러 사람 내지 제자들을 교화하려는 의도를 갖고 있었습니다. 또한 선어록은 그 선어록이 속한 문중의 권위를 드높이고자 하는 의도 또한 갖고 있었습니다. 그래서 선어록은 선자 자신의 의도와는 달리 그것을 기록한 제자들에 의해 약간의 수정 내지 보완이 이루어진 경우도 있었습니다.

당대부터 본격적으로 출현한 선어록은 조사에 대한 권위가 높아지면서 보편화되어 갔습니다. 그것은 선종이라는 특수한 문화 속에서 깨달음 이후에 그 깨달음을 선지식이 증명해주는 인가(印可), 그리고 스승과 제자가 부처님의 정법안장을 계승하는 사자상승(師資相承)의 전법이라는 전통과 함께 더욱 발전했습니다.

이러한 전통에서는 오히려 종래의 경전마저도 부처

144

님의 어록으로 간주하게 되었습니다. 그 결과 당나라 시대에 대단히 많은 어록이 편집되었는데, 그러한 것들에 근거하여 후대에 어록이 새롭게 편집된 예도 많습니다. 이와 같이 어록이 성행한 배경에는 선자들이 서로 자유롭게 교류하며 문답으로써 공부를 점검하고 증명하며 인가하는 선문답이라는 수행 전통이 있었습니다. 당시에는 편참(遍參)이라는 수행법이 확립되어 있었습니다. 편참은 선수행자가 한 스승에게만 공부하는 것이 아니라 훌륭한 스승이 있는 곳이라면 전국의 어디라도 몸소 찾아가서 공부하는 것을 말합니다. 그래서 당대 말기에 가서는 깨달은 선지식이 조사의 권위뿐만 아니라 부처님에 버금가는 권위까지 지니게 되었기 때문에 대부분의 문중에서 조사의 어록을 만들어냈습니다. 그 어록들이 점차 성전(聖典)처럼 취급되면서 어록 가운데 들어 있는 말씀도 부처님의 말씀처럼 존중되었습니다. 그 결과 송대에는 그러한 말씀을 발췌하여 공안으로 삼아 집대성한 공안집(公案集)이 크게 유행했습니다.

공안집에 수록된 조사의 말씀은 낱낱이 공안으로 기능하여 공안선(公案禪)을 수행하는 납자들이라면 반드시 해결하지 않으면 안 되는 과업이 되었습니다. 그러한 공안으로는 경전에 들어 있는 부처님의 말씀도 있었지만, 대다수는 조사들의 설법 내지 조사가 제자들과 주고받은 문답에서 유래한 것이었습니다. 이처럼 공안선이 유행하게 되자 공안 자체를 소중하게 간주하여 그 공안에 대하여 비평을 가하는 풍조 또한 점차 유행하게 되었습니다. 이것이 바로 문자선(文字禪)의 유행이었습니다. 하지만 문자선이 인기를 끌게 되면서 애초에 공안이 지니고 있던 순수한 의도를 망각하고 문자를 비롯한 언어유희에 빠지는 추세가 생겨났습니다. 그것을 극복하기 위하여 묵조선(默照禪)과 간화선(看話禪)이 등장하게 됩니다.

이처럼 조사의 권위를 한층 강화시키는 데 가장 큰 역할을 했던 문헌이 바로『단경』이었습니다. 그런 까닭에『단경』은 그 기술 방식에도 특유한 요소가 가미되었습니다. 앞에서 살펴본 바와 같이『단경』은 혜능의 어록집입니다. 어록은 엄밀히 말하면 경전이 아닙니다. 어록은 조사의 설법이고 경전은 부처님의 설법이기 때문입니다. 그러나『단경』은 조사의 설법임에도 불구하고 애초부터 제명에 '경(經)'을 붙였습니다. 경전은 일반적으로「서분」·「정

146

종분」·「유통분」으로 구성되는데,『단경』의 편찬자들 역시 경전의 이러한 삼단 구성을 염두에 두고『단경』을 편찬한 것으로 보입니다. 예를 들어 제1「행유품」의 처음 대목은 다음과 같습니다.

"그때 대사가 보림사에 이르렀다. 소주의 위자사가 관료들과 함께 보림사가 있는 산에 올라와 대사에게 성중의 대범사 강당에 나아가 대중들에게 개연설법을 청했다. 대사가 법좌에 오르자 자사, 관료들 30여 명, 유종학사 30여 명, 비구와 비구니 등 출가자와 재가자 일천여 명이 동시에 예배를 드리고 법요를 듣고자 했다."

부처님의 경전을 보면 처음의「서분」에서 설법을 듣는 청법대중이 소개됩니다. 여기에서 인용한『단경』의 대목 역시 그와 같은 형식을 취하고 있습니다. 먼저 시간과 장소가 언급되고, 혜능의 설법을 듣는 대중, 곧 관료들 30여 명, 유종학사 30여 명, 비구와 비구니 등 출가자와 재가자 일천여 명을 소개하고 있습니다. 이런 점은 어록임에도 불구하고『단경』을 편찬한 사람들이 부처님의 말씀에 해당하는 경전의 모양새를 취하려고 노력했던 증거이기도 합니다.

또한「행유품」의 마지막 대목은 다음과 같습니다.

"대중 일동은 설법을 듣고 예배를 드리고 물러갔다."

이 대목 역시 경전의 형식을 모방한 것입니다. 대부분의 경전은 부처님의 설법을 들은 청법대중이 모두 환희심을 일으키고 나서, '믿고 받아들이며 받들고 실천했다[信受奉行]'는 문구로 마무리됩니다.「행유품」의 마지막 대목 역시 대중이 혜능의 설법을 듣고 감사의 예배를 드리고 물러갔다고 되어 있습니다. 제 1「행유품」에 보이는 이러한 형식은 제2「반야품」, 제3「의문품」, 제6「참회품」에서도 보입니다.

『단경』이 선종 조사의 어록임에도 불구하고 이처럼 열 개 품 가운데 네 개 품에서 부처님의 설법인 경전의 형식을 모방한 까닭은 분명합니다. 이것은 크게 높아진 조사의 권위를 반영한 결과였습니다. 실로『단경』을 편찬한 사람들은 혜능의 법어에 경전과 같은 권위를 부여하고, 그것이 선종의 종지가 될 만한 충분한 가치를 지니고 있음을 모든 사람에게 어필하려고 노력했던 것으로 보입니다. 이렇게 조사의 권위가 부처님의 권위에 근접하게 되자, 부처님을 내세웠던 중국의 위경들 역시 조사의 이름을 내세운 어록으로 대체되어 갔습니다. 당시 중국의 사회적 분위기 역시 조사의 어록에 경전과 같은 권위를 부여하는 쪽으로 흘러갔습니다. 그리고 이러한 어록들이 축적되어 감에 따라 어록들을 발췌하여 모은 공안집도 나오게 됩니다.

『단경』에는 중국 선종에서 일어났던 이러한 드라마틱한 변화들이 빠짐없이 집약되어 있습니다. 『단경』이 그토록 세간에서 유행했고 또 지속적으로 후대에 큰 영향을 미친 것은 이러한 이유 때문입니다. 우리 역시 『단경』을 읽을 때 이러한 점을 감안해볼 필요가 있습니다.

인문학 독자를 위한

육조단경

ⓒ 김호귀, 2025

2025년 3월 4일 초판 1쇄 발행

지은이 김호귀
발행인 박상근(至弘) • 편집인 류지호 • 편집이사 양동민
책임편집 하다해 • 편집 김재호, 양민호, 김소영, 최호승, 정유리 • 디자인 쿠담디자인
제작 김명환 • 마케팅 김대현, 김대우, 이선호, 류지수 • 관리 윤정안
콘텐츠국 유권준, 김희준
펴낸 곳 불광출판사 (03169) 서울시 종로구 사직로10길 17 인왕빌딩 301호
　　　 대표전화 02) 420-3200 편집부 02) 420-3300 팩시밀리 02) 420-3400
　　　 출판등록 제300-2009-130호(1979. 10. 10.)

ISBN 979-11-7261-139-2 (03150)

값 17,000원